我要成林中之王
霸气十足三狮军

格兰队

流年 编著

典藏版

直笔体育百科系列

北京时代华文书局

目 录

荣耀时刻　　　　　　　　　　　　1
巨星榜　　　　　　　　　　　　　9
篇首语　　　　　　　　　　　　　45

第一章　现代足球从这里开始　　　51
　　　　极其特殊的地位　　　　　52
　　　　与国际足联对抗　　　　　55
　　　　开启世界杯征程　　　　　58

第二章　从天堂跌落的痛苦　　　　63
　　　　骄傲感跌落凡间　　　　　64
　　　　追赶路正式起航　　　　　69
　　　　痛苦的空难打击　　　　　71

第三章　1966年与冠军荣誉　　　　75
　　　　世界杯再次苦涩　　　　　76
　　　　强硬教头的宣言　　　　　79
　　　　世界冠军载史册　　　　　82
　　　　顶峰荣耀的余温　　　　　87

第四章　来自冠军的诅咒　　　　　95
　　　　进入莫名的低谷　　　　　96
　　　　这时代一片混乱　　　　　100

第五章　来自名帅的努力　　　　　105
　　　　逆境中艰难前行　　　　　106
　　　　无奈的告别演出　　　　　111

第六章	苦寻复兴的希望	115
	一地鸡毛的现状	116
	黑暗中一道曙光	119
	将帅失和的结局	121
第七章	"黄金一代"的时刻	127
	一次历史的转变	128
	小贝告别与回归	132
	铁腕教头的到来	138
	熟悉的乱世局面	144
第八章	复兴路正式开启	149
	意外惊喜的到来	150
	崛起的"三狮军团"	154
	期待下一次彼岸	160

经典瞬间	165
星光璀璨	185
最佳阵容	206
历任主帅及战绩	207
历届大赛成绩	208
历史出场榜	210
历史进球榜	211

荣耀时刻

1966年国际足联世界杯（简称"世界杯"）决赛，东道主英格兰队以4∶2战胜联邦德国队，历史上首次捧起世界杯冠军奖杯。吉奥夫·赫斯特爵士上演帽子戏法，他打入的第2球是否越过门线，至今仍是足坛的"世纪悬案"。

英格兰队决赛出场阵容（"442"阵形）

门将：1-戈登·班克斯

后卫：3-雷·威尔逊、5-杰克·查尔顿、6-博比·穆尔、2-乔治·科恩

中场：16-马丁·彼得斯、4-诺比·斯蒂尔斯、9-博比·查尔顿、7-阿兰·巴尔

前锋：10-吉奥夫·赫斯特、21-罗杰·亨特

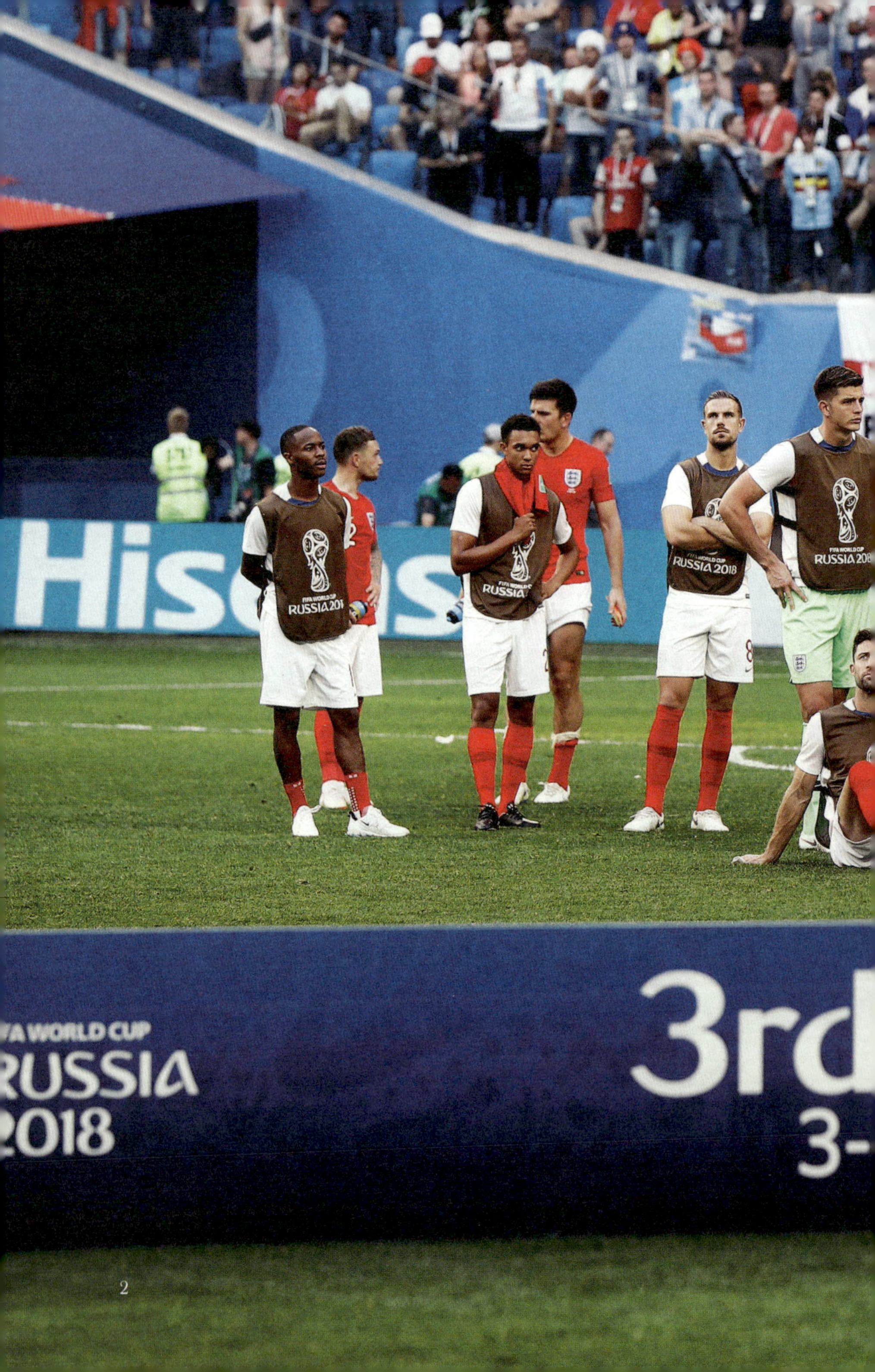
Hisense
FIFA WORLD CUP
RUSSIA 2018
3rd
3-

⚽ 2018年世界杯季军赛，英格兰队以0∶2的比分不敌比利时队，收获当届世界杯第四名，创造了球队近28年在世界杯上的最好战绩。

英格兰队季军赛出场阵容（"352"阵形）

门将：1-乔丹·皮克福德

后卫：6-哈里·马奎尔、16-菲尔·琼斯、5-约翰·斯通斯

中场：3-丹尼·罗斯（7-杰西·林加德，46′）、4-埃里克·戴尔、21-鲁本·洛夫图斯-奇克（20-德勒·阿里，84′）、17-法比安·德尔夫、12-基兰·特里皮尔

前锋：9-哈里·凯恩、10-拉希姆·斯特林（19-马库斯·拉什福德，46′）

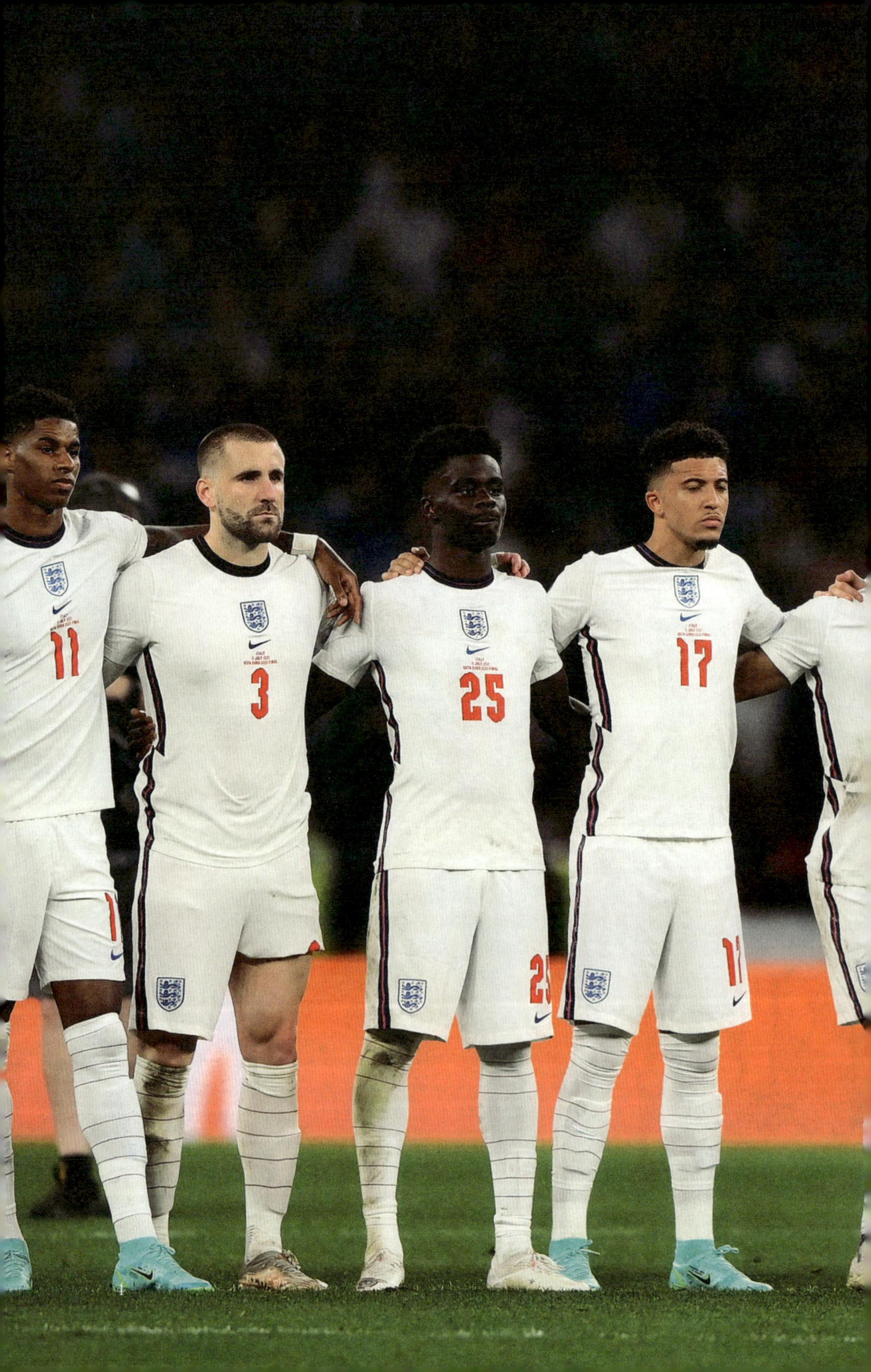
11
3
25
17

⚽ 2020欧洲足球锦标赛（简称"欧洲杯"），英格兰队杀入决赛，最终在点球大战中憾负意大利队。卢克·肖开场两分钟破门，但英格兰队在点球大战中三次罚丢点球，然而亚军仍是英格兰队在欧洲杯上的历史最佳战绩。

英格兰队决赛出场阵容（"343"阵形）

门将：1-乔丹·皮克福德

后卫：6-哈里·马奎尔、5-约翰·斯通斯、2-凯尔·沃克（17-杰登·桑乔，120′）

中场：3-卢克·肖、4-德克兰·赖斯（8-乔丹·亨德森，74′；11-马库斯·拉什福德，120′）、14-卡尔文·菲利普斯、12-基兰·特里皮尔（25-布卡约·萨卡，71′）

前锋：10-拉希姆·斯特林、9-哈里·凯恩、19-梅森·芒特（7-杰克·格拉利什，99′）

6

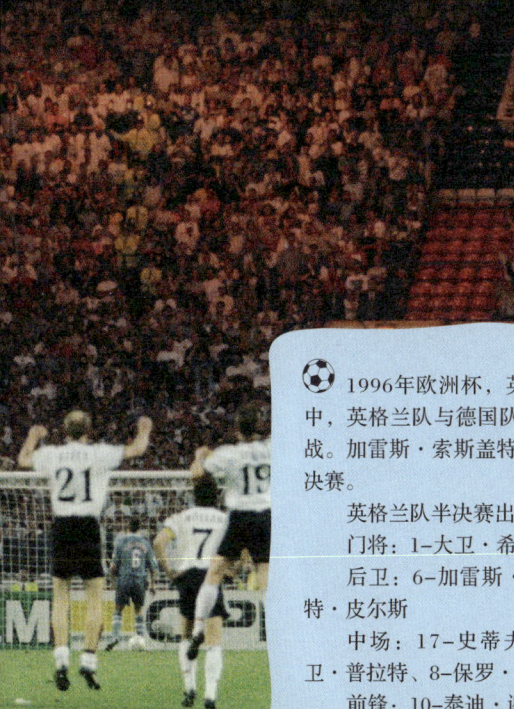

⚽ 1996年欧洲杯，英格兰队时隔28年再度杀入四强。半决赛中，英格兰队与德国队在120分钟内战成1：1，双方进入点球大战。加雷斯·索斯盖特在第六轮罚丢点球，英格兰队遗憾止步半决赛。

英格兰队半决赛出场阵容（"352"阵形）

门将：1-大卫·希曼

后卫：6-加雷斯·索斯盖特、5-托尼·亚当斯、3-斯图尔特·皮尔斯

中场：17-史蒂夫·麦克马纳曼、4-保罗·因斯、7-大卫·普拉特、8-保罗·加斯科因、11-达伦·安德顿

前锋：10-泰迪·谢林汉姆、9-阿兰·希勒

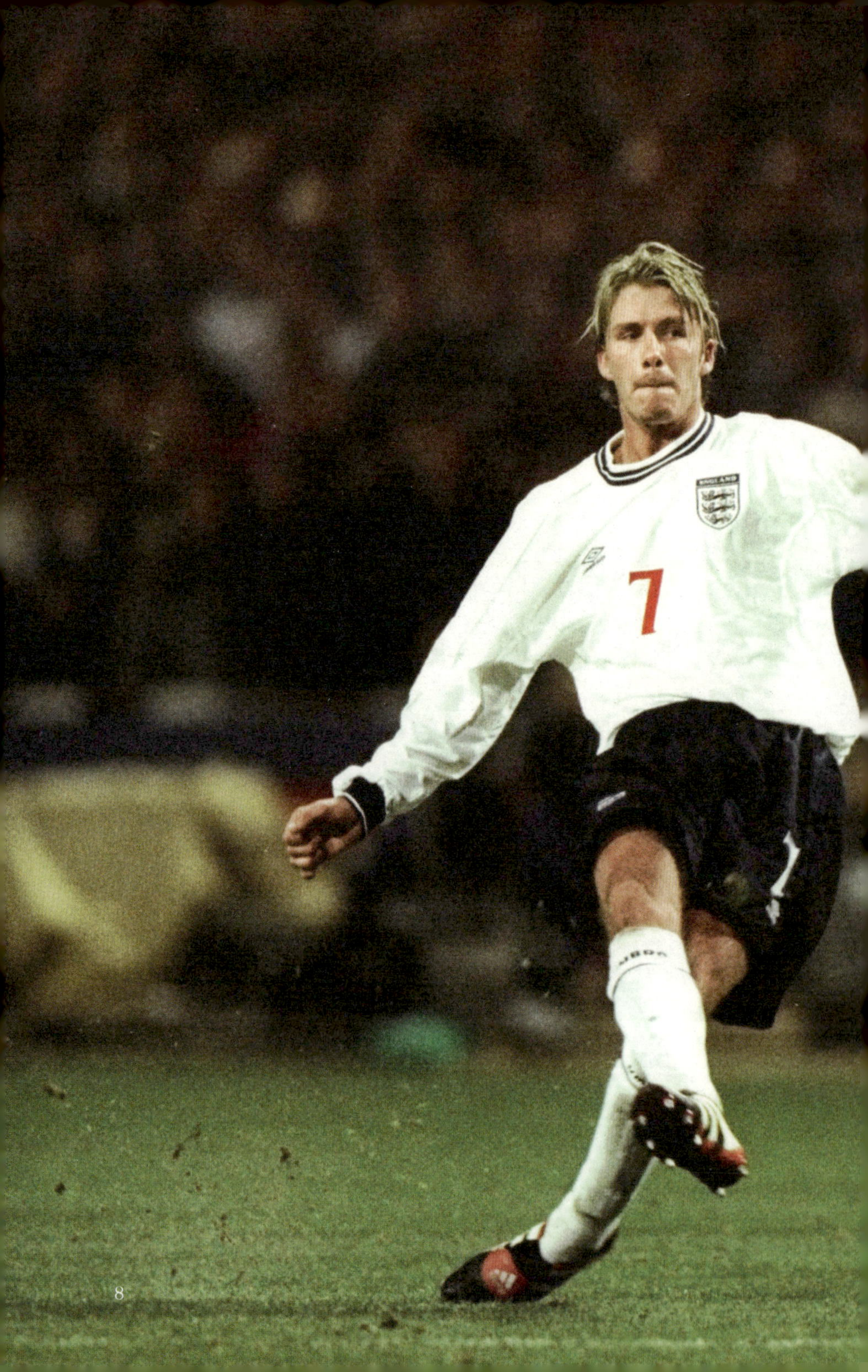

巨星榜

姓名：大卫·贝克汉姆

出生日期：1975年5月2日

主要球衣号码：17号、15号、7号

英格兰队数据：115场17球

最动人的球员

还记得那半场吊射"神迹"的成名之作吗？还记得1998年世界杯上的"圆月弯刀"、冲动红牌吗？还记得2001年对阵希腊队成为"救世主"、2002年点球复仇阿根廷队、2006年那撕心裂肺的痛苦吗？还记得伤别南非、征服美国职业足球大联盟吗？这一切属于大卫·贝克汉姆。

贝克汉姆，足球场上一个特殊的名字。他牵动了那么多属于青春、属于回忆、属于一代人的记忆。贝克汉姆的职业生涯是充满传奇色彩的，之于俱乐部，之于英格兰队，之于每一个赛场。

11

每一个熟悉他的人都会选择用不同的方式去回忆他职业生涯的每一瞬间，比如以时间为节点，1992年、1996年、1998年、1999年、2001年、2002年、2003年、2010年、2013年……至于这里面的故事，就不用再多加赘述。

以地理为标准划分，从曼彻斯特起步走向世界，从马德里继续前行道路荆棘满布，从洛杉矶、从米兰，抑或是从巴黎……每一个地方，或许时间很短，或许路程很长，但都有不同的回忆。每一次进球、每一次泪水、每一个争议、每一次抗争、每一刻致敬……从青葱年华到38岁退役，有巅峰也有低谷，这就是贝克汉姆的职业生涯。

有人说贝克汉姆是历史上最有争议的球员，他有着不亚于保罗·斯科尔斯的天赋，也有着不输给劳尔·冈萨雷斯等人的勤

奋，但是贝克汉姆更有着其他巨星无法比拟的光环。他的妻子"辣妹"维多利亚·贝克汉姆，他帅气的面庞，那时尚的味道，让这个本只是绿茵宠儿的球员成了"万人迷"。因为他"万人迷"的身份，多少人忽略了他两次获得世界足球先生第二名。

　　回首贝克汉姆的球员生涯，他用自己的才华和魅力，成为足球世界一道亮丽的风景线。"贝克汉姆"，这个名字将永远镌刻在足球史册上，成为后世球员敬仰和追逐的典范。

14

姓名：迈克尔·欧文

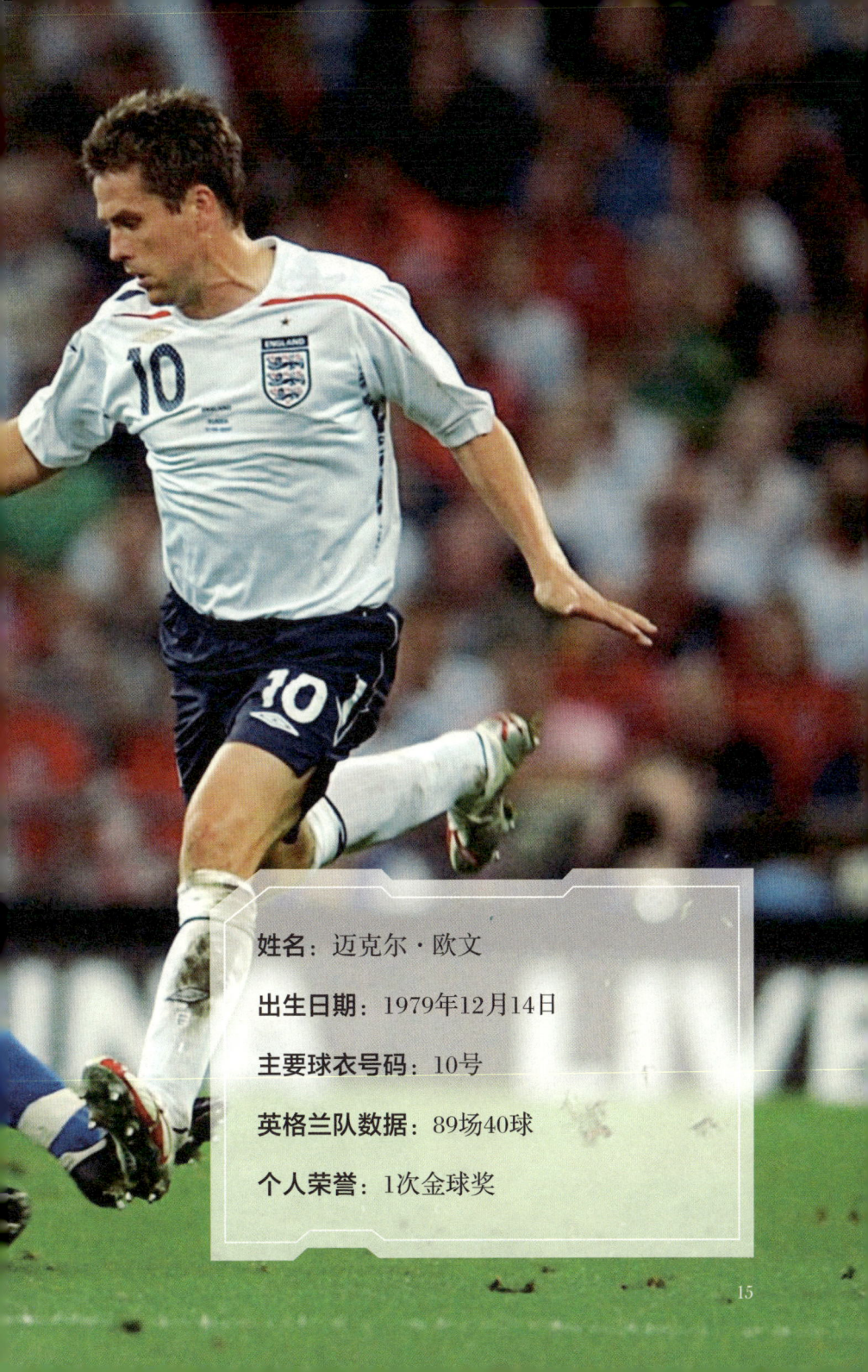

出生日期：1979年12月14日

主要球衣号码：10号

英格兰队数据：89场40球

个人荣誉：1次金球奖

16

追风少年

　　21世纪之初的英格兰队，在前锋线上总是喜欢追求一高一快的组合，高中锋总是如同走马观花一般更换人选，但速度型前锋在很长一段时间都属于一个人，那便是迈克尔·欧文，球迷心中永恒的"追风少年"。

　　1998年，上演英格兰队处子秀不久的欧文便入选了英格兰队世界杯大名单。1/8决赛对阵阿根廷队，欧文接到贝克汉姆的传球，一路快马加鞭，冲向阿根廷队的球门前，面对门将的出击，欧文冷静应对，收获进球，经历了职业生涯中的第一个重要时刻。年仅18岁的欧文就此一战成名，成为英格兰的全民偶像。可惜的是，英格兰队并未更进一步，这让欧文的世界杯初体验止步于此。2002年世界杯，英格兰队再遇阿根廷队。面对4年前的拦路虎，欧文此战发挥依然出色，他在禁区内的带球眼花缭乱，让阿根廷队后卫猝不及防，只好放倒欧文，送上了点球大礼。凭借欧文制造的点球，英格兰队终于战胜了阿根廷队，但这一次英格兰队在1/4决赛倒在了另一支南美劲旅——巴西队的脚下。

两届世界杯，欧文都有着出色的表现。他的球风如同疾风骤雨般迅猛而犀利，每一次冲刺都如同闪电划破夜空，震撼人心。在球场上，他如同一匹奔腾的骏马，驰骋在绿茵之上，用速度与技巧撕开对手的防线，为球队带来胜利的曙光。正因如此，欧文才得到了"追风少年"的称号。然而在2002年世界杯之后，"追风少年"的职业生涯走上了下坡路。离开了成名的利物浦队，欧文几经辗转，再也没能找到自己的归宿。投身利物浦队的死敌——曼彻斯特联队（简称"曼联队"），更是让欧文原来的球迷失望不已。在英格兰队，欧文也没能延续过去的辉煌。2006年世界杯，欧文在小组赛中受伤离场，随即结束了自己的第三届世界杯，也逐渐淡出英格兰队。虽然没能收获更多的荣誉，但欧文在英格兰队的89场比赛里，还是打进了40球，这足以证明他的实力。2001年的金球奖，也诉说着欧文曾经的荣耀。

　　欧文的足球之路并非一帆风顺，他曾遭遇过伤病的困扰，也曾在比赛中遭遇挫折。但他从未放弃，总是以坚韧不拔的精神和顽强的斗志，一次次战胜困难，重新站在球场上。他的故事告诉我们，只有坚持与努力，才能成就伟大的事业。

20

姓名：韦恩·鲁尼

出生日期：1985年10月24日

主要球衣号码：11号、9号、18号、10号

英格兰队数据：120场53球

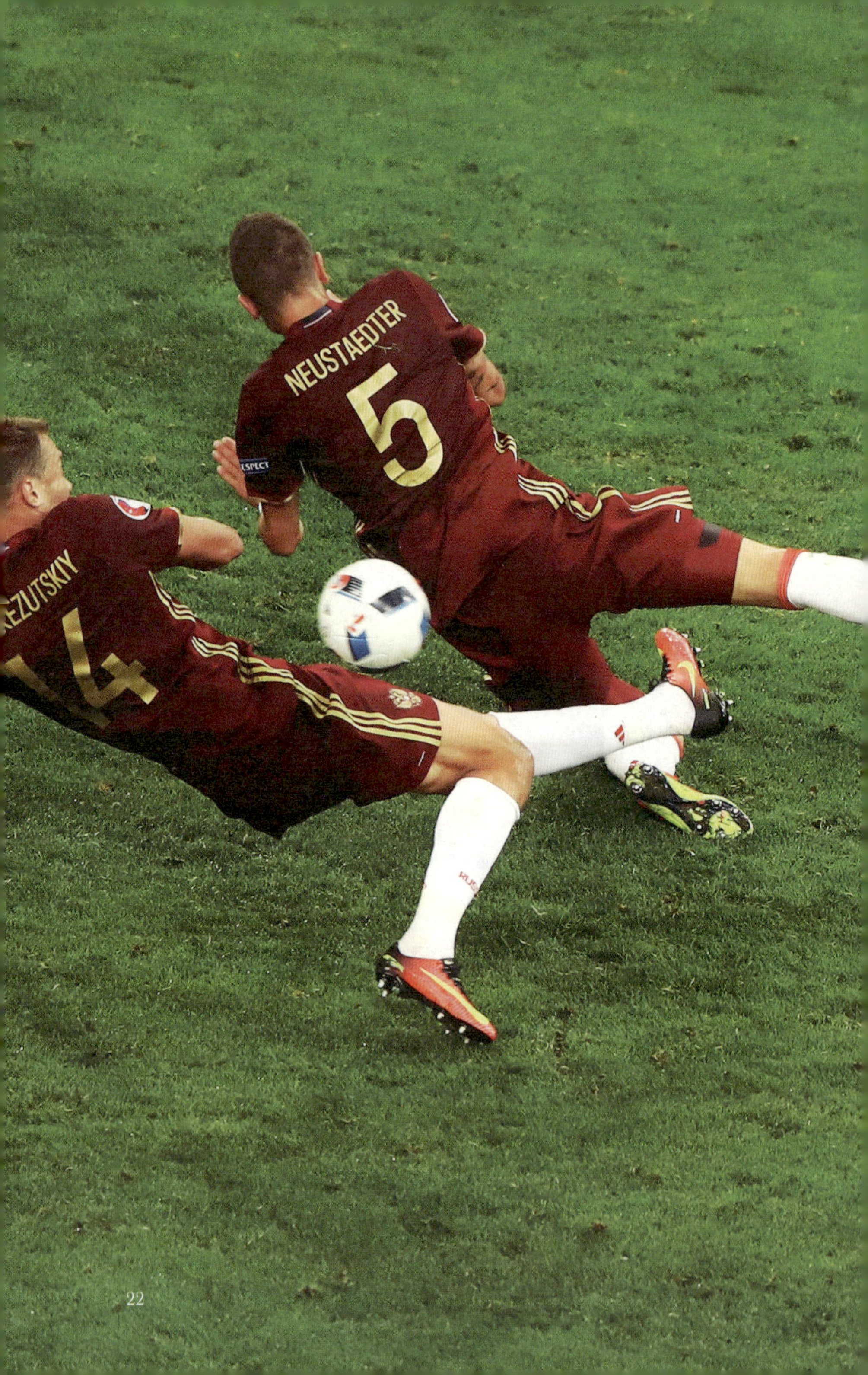
NEUSTAEDTER
5

英格兰"金童"

　　2004年欧洲杯，英格兰队在"黄金一代"正当年的时候，又拥有了一位让人艳羡的年轻球员。两场比赛，他两次上演了梅开二度的好戏，帮助英格兰队相继战胜了瑞士队和克罗地亚队。当时的这位天才少年仅有18岁，被外界誉为英格兰队的"金童"，他便是韦恩·鲁尼。

　　在1/4决赛对阵葡萄牙队的比赛中，鲁尼因伤离场，这使得英格兰队的进攻实力被大大削弱。如果鲁尼保持住健康的身体状态，英格兰

队是否会在常规时间内被逼平？又是否会在点球大战中落败？这个问题的答案已经无从知晓，但鲁尼缔造了属于他自己在英格兰队的"高光"时刻。此后的几届国际大赛（世界杯与欧洲杯），鲁尼的表现都难言出色，英格兰队也未能打出优异的战绩。鲁尼代表英格兰队出战120场比赛，打入53球，还送出21次助攻。无论外界如何评价鲁尼，在英格兰队最为暗淡的时光中，鲁尼是为数不多的希望所在。

2004年欧洲杯之后，鲁尼转投曼联队，开始了自己在曼联队的黄金岁月。鲁尼与队友共同铸就了无数辉煌，赢得了包括英格兰足球超级联赛（简称"英超"）冠军、欧洲冠军联赛（简称"欧冠"）冠军在内的无数荣誉。在球场上，鲁尼的斗志与毅力令人敬佩，他对待每一场比赛都如同对待战斗一般

认真，对待每一个对手都充满斗志与决心，对待每一次拼抢都毫不惜力，奋勇争先。他的精神风貌，成为年轻球员学习的楷模。

然而，鲁尼也有属于自己的遗憾。多年之后，他坦承自己在年轻时没有照顾好自己的身体——喝了太多的酒，否则他本有机会在俱乐部和英格兰队都创造更多的辉煌，至少能够踢出更持久的优秀表现。虽然鲁尼曾经犯下错误，但他从未放弃，总是以不屈不挠的精神和顽强的斗志，一次次从困境中崛起，重新站在球场上。鲁尼的故事告诉我们，只有勇敢面对困难，才能成为真正的战士。退役之后，鲁尼成为一名教练，对自己的职业生涯有了更多的理解。这些内容，将会和过去那些巅峰时刻的表现，一同成为英格兰队的新人的精神财富。

姓名：博比·查尔顿爵士

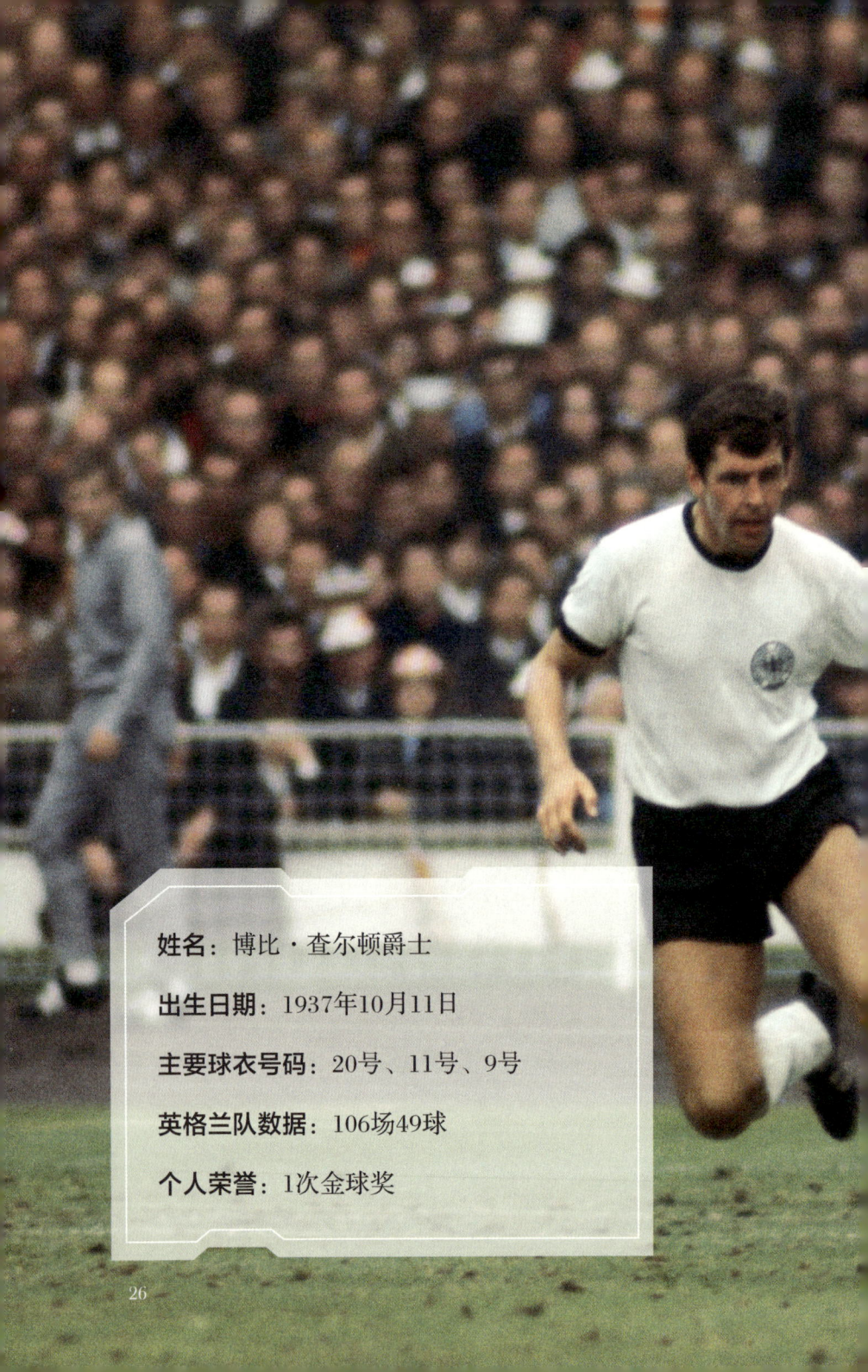

出生日期：1937年10月11日

主要球衣号码：20号、11号、9号

英格兰队数据：106场49球

个人荣誉：1次金球奖

27

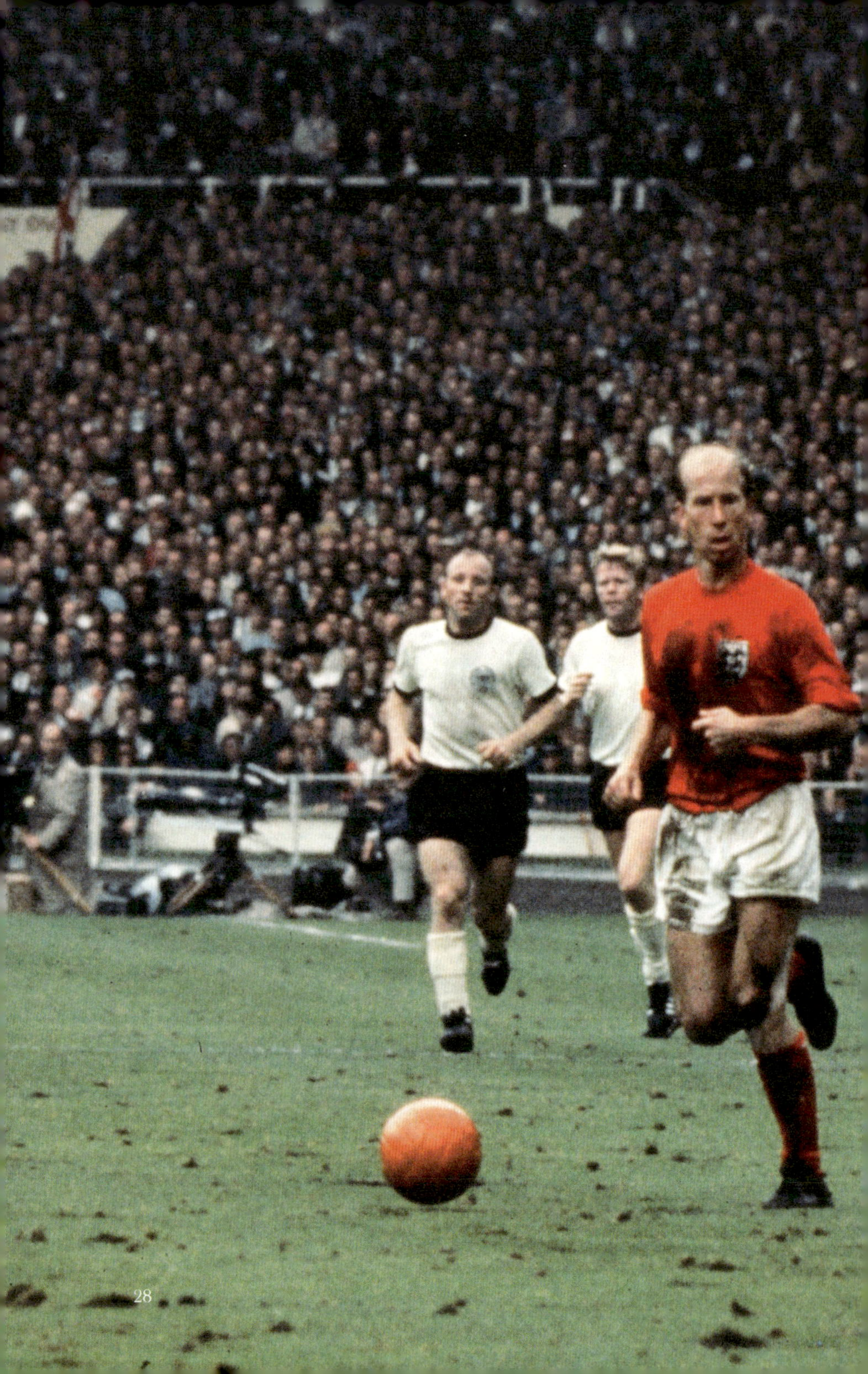

空难中走出的功勋球员

　　对于英格兰足球来说，1958年2月6日是一个转折点。前一天，曼联队在欧洲冠军俱乐部杯（欧冠前身，统一简称"欧冠"）1/4决赛第二回合的比赛中，以5∶4的总比分击败了贝尔格莱德红星队，当时只有20岁的查尔顿还为曼联队梅开二度。结果，在2月6日返程的路上，曼联队全员乘坐的飞机在慕尼黑机场发生空难，机上44名乘客及机组人员当中，23人罹难，其中包括8名曼联队球员以及3名俱乐部的工作人员。查尔顿被爆炸时的气浪炸出了飞机外，这让他幸免于难，仅受轻伤，但等他苏醒

过来的时候,他已经和很多队友阴阳两隔。

  1958年世界杯,查尔顿入选了英格兰队的大名单,但并未得到登场的机会,主教练表示,查尔顿还在承受空难所带来的痛苦和折磨。从那一刻起,查尔顿就不再是为自己而踢球了。1962年世界杯,逐渐找回自我的查尔顿奋力拼搏,但英格兰队还是在1/4决赛被淘汰出局。在此期间,查尔顿在英格兰队占据了主力球员的位置,并被视为不可替代的核心球员。4年之后的1966年世界杯,查尔顿终于获得了想要的冠军。征程之中,查尔顿展现才华、挥洒汗水,用天赋和努力为英格兰队开辟出了通往决赛的道路,当被对手重点盯防的时候,他转而为队友"作嫁衣",这让英格兰队获益匪浅。决赛对阵联邦德国队,查尔顿奋勇拼搏,给对手制造了无穷的麻烦,最终帮助英格兰队以4∶2的

比分取得胜利，捧起奖杯。这也是英格兰队历史上唯一获得的世界杯冠军。

英格兰队获得1966年世界杯冠军，查尔顿获得金球奖，接下来就轮到他为曼联队拼回荣誉了。1967—1968赛季，曼联队闯入欧冠决赛。在决赛中，查尔顿梅开二度，帮助曼联队以4∶1的比分战胜对手，终于在这项赛事中赢得了冠军。当时，恰逢慕尼黑空难的十周年。

2023年10月21日，博比·查尔顿爵士猝然离世，享年86岁。在英格兰队和曼联队，他是一位真正的足球巨星，一个时代的标志，也是一个永恒的传奇，他的精神和传奇故事永远留在人们的心中。

32

姓名：弗兰克·兰帕德

出生日期：1978年6月20日

主要球衣号码：17号、11号、15号、7号、16号、8号

英格兰队数据：106场29球

34

门线"冤案"造终身遗憾

如果有什么能够解释兰帕德在球员生涯中的成功，高智商是一个很好的原因。超过150的智商，让兰帕德在球场上总能比其他人更快地发现空当，传出威胁球。兰帕德在球场上犹如一位优雅的指挥家，用他的双脚奏响着胜利的乐章。他拥有出色的技术、精准的传球和敏锐的洞察力，总能在关键时刻为球队创造机会。

兰帕德来到切尔西队之后，他的进球能力也被激发了出来。效力13载，兰帕德在648场比赛里打进211球，还送出145次助攻。兰帕德与队友并肩作战，共同书写着切尔西队的辉煌篇章。他帮切尔西队夺得英超冠军、欧冠冠军等多项荣誉，是切尔西队在成为豪门球队的过程中当之无愧的功臣。然而在英格兰队，兰帕德却未能拿出他在俱乐部中的表现，106场比赛打入29球的数据并不算差，但兰帕德从未在世界杯赛场为英格兰队取得进球。2010年世界杯，这一尴尬本应结束，但兰帕德已经越过门线的进球被裁判误判取消，这次门线"冤案"，也成为他终身的遗憾。

退役之后，兰帕德转型为教练。虽然他在低级别联赛中的执教表现不错，但在执教切尔西队时期，兰帕德并未将自己的高智商转化为出色的执教能力，他仍需在这个全新的位置上付出更多的努力。

虽然评价不一，但兰帕德的传奇故事依然在人们口中传颂。他的精神、他的技艺、他的优雅，都将成为足球历史上一段不朽的传奇。他的足迹将永远留在绿茵场上，激励着后来的球员不断前行。

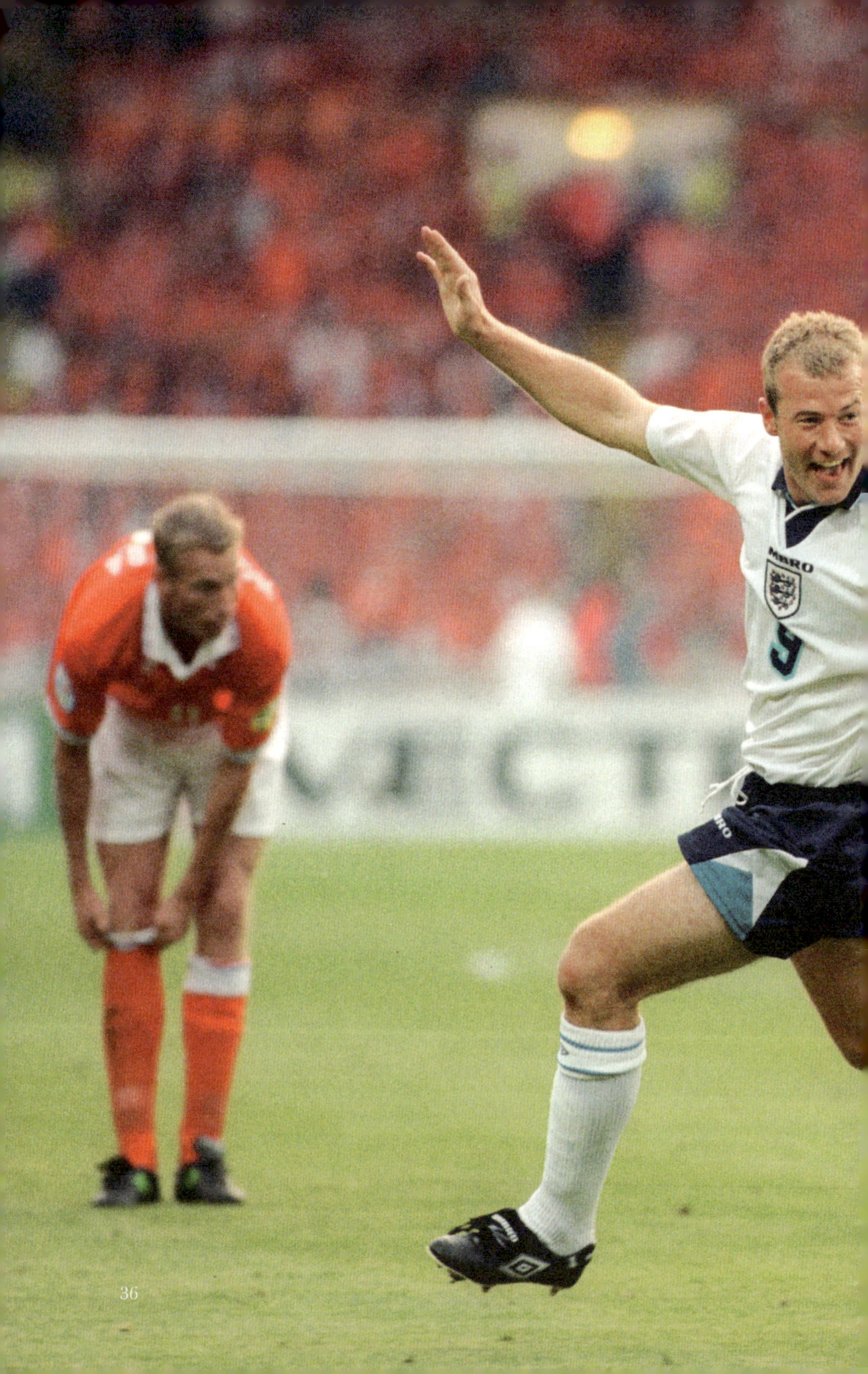

姓名：阿兰·希勒

出生日期：1970年8月13日

主要球衣号码：20号、9号

英格兰队数据：63场30球

38

英超第一射手

如果说到英超前锋的经典庆祝动作，阿兰·希勒在进球之后高举单臂，无疑能够位列其中。

从1992年开始，英超正式成为英格兰足球的顶级联赛，希勒也在这一年转会至布莱克本流浪者队，他为这支球队出战162场，打进123球。在1994—1995赛季，希勒帮助布莱克本流浪者队夺得了英超冠军。这是希勒职业生涯中最伟大的荣耀。

希勒在英格兰队同样有着出色的发挥，贡献了许多重要进球。1996年欧洲杯，希勒打进5球，成为当届欧洲杯的最佳射手，可惜的是，这样的表现未能帮助英格兰队夺得冠军。1996年欧洲杯结束之后，希勒来到了他心之所向之地——纽卡斯尔联队。效力十载，希勒为球队在各项赛事中打进206球，保持了相当高的进球效率。虽然席勒的这些进球未能帮助纽卡斯尔联队取得什么冠军，但他让纽卡斯尔联队保持住了足够的竞争力，也让自己成为英格兰足球历史上顶尖的前锋之一。

如今，希勒已经退役多年，但他的传奇故事依然在人们口中流传。他的名字，已经成为英格兰足球历史上不可磨灭的一部分。每当人们提起他，都会想起那些激动人心的比赛瞬间，以及他为足球事业做出的杰出贡献。

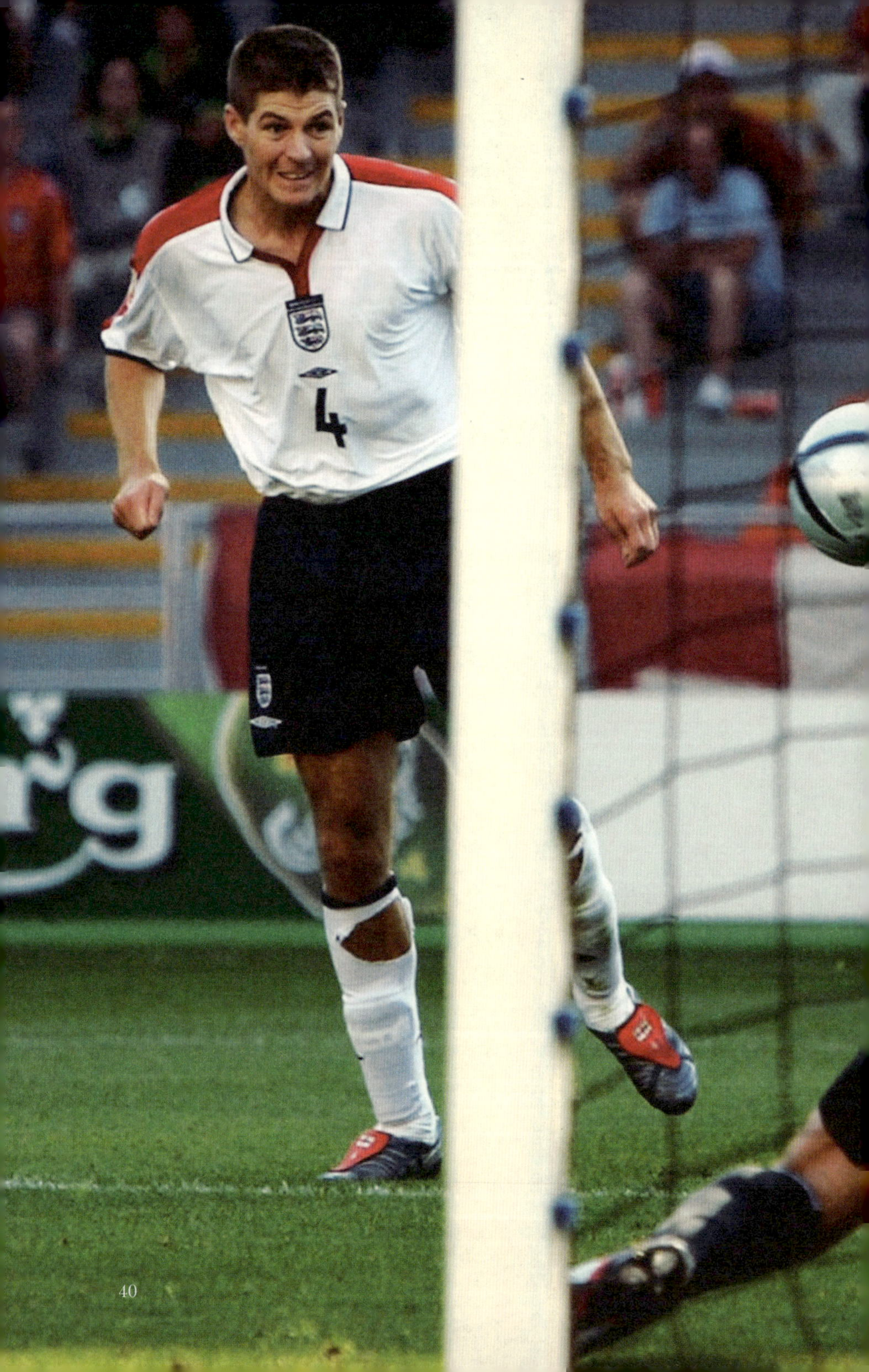

姓名：史蒂文·杰拉德

出生日期：1980年5月30日

主要球衣号码：16号、11号、10号、18号、4号

英格兰队数据：114场21球

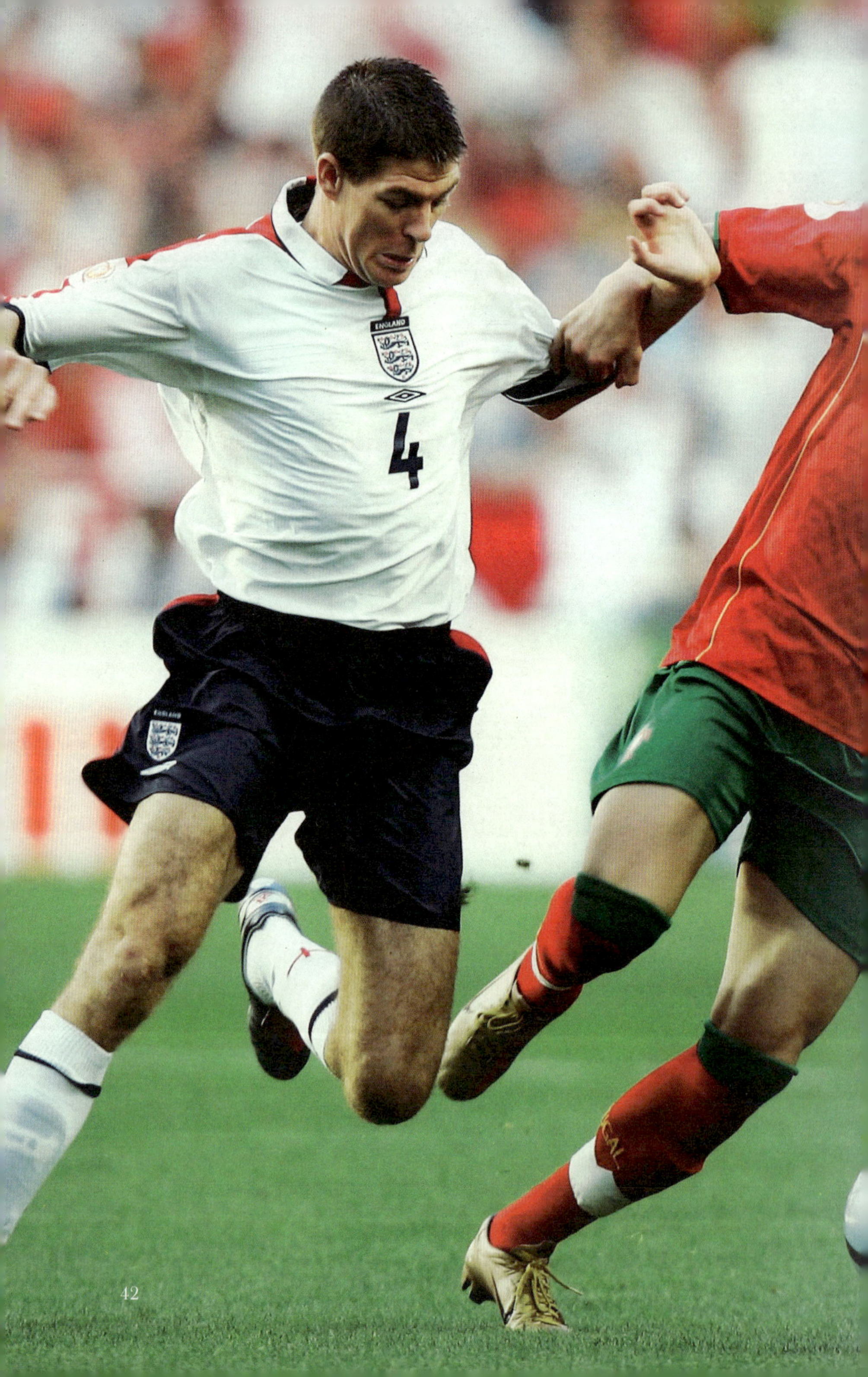
ENGLAND
4

"红军"领袖

当球队陷入0∶3落后的困境时，大部分球员恐怕都会选择放弃，但杰拉德的字典里没有"放弃"这个词。2004—2005赛季的欧冠决赛，利物浦队在上半场以0∶3的比分落后于对手，但在下半场比赛，作为队长的杰拉德吹响了反击的号角。

比赛结束时，利物浦队取得了胜利，杰拉德举起了冠军奖杯。这场比赛是杰拉德职业生涯的最佳写照。

作为土生土长的利物浦人，杰拉德的职业生涯始于利物浦队。在利物浦队的岁月里，杰拉德是球队的灵魂人物。他带领球队在赛场上驰骋，用一次次势大力沉的远射点燃球迷的热情。他的坚毅和勇气，成为球队战胜困难、逆袭取胜的关键。除了球技出众，杰拉德的人格魅力同样令人倾倒。他谦逊、忠诚、勤奋，对待每一场比赛都全力以赴。他不仅是球队的领袖，更是球迷心中的英雄。这样的精神品质也被杰拉德带到了英格兰队的赛场，他代表英格兰队出战114场比赛，打进21球，送出23次助攻，但就像杰拉德没能帮助利物浦队获得英超冠军一样，他在英格兰队也未能取得冠军荣誉。

杰拉德将自己的职业生涯都奉献给了利物浦队，这位利物浦队的传奇队长，用他的才华和坚韧，书写了一段属于自己的辉煌篇章。他的职业生涯充满了辉煌的成就和荣誉，成为英格兰足球的传奇人物之一。

姓名：里奥·费迪南德

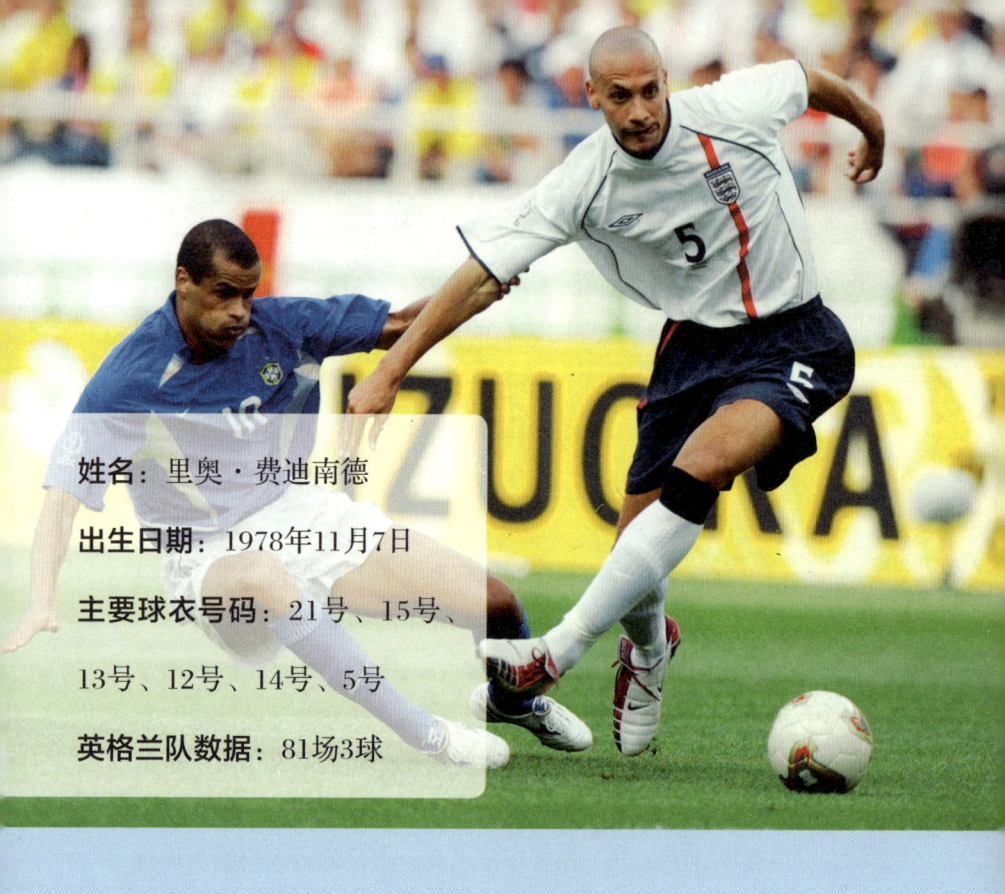

出生日期：1978年11月7日

主要球衣号码：21号、15号、13号、12号、14号、5号

英格兰队数据：81场3球

"反差"中卫

  费迪南德拥有1.89米的身高、彪悍粗犷的外表，哪个前锋看到他都会心生畏惧。但费迪南德的足球风格既硬朗又优雅，他拥有出色的身体素质和极强的对抗能力，能够在关键时刻挺身而出，为球队化解危机。同时，他的技术也十分精湛，无论是传球还是控球，都展现出高超的足球技术。凭借这样的表现，费迪南德的职业生涯夺冠无数。在曼联队的岁月里，费迪南德迎来职业生涯巅峰，在他的带领下，曼联队多次夺得英超冠军和欧冠冠军。他也因此成为曼联队历史上最伟大的中后卫之一。

篇首语

星光熠熠,几经沉浮的英格兰足球

2003年1月26日,英格兰队前著名球星保罗·加斯科因来到了中国。

此行不是旅游,也不是参加活动,而是真正地工作——以球员兼助理教练的身份,正式加盟了甘肃天马队。

当时的加斯科因,已经快要36岁了。

对于一代中国球迷来说,加斯科因代表着他们的青春:

1990年世界杯,年仅23岁的加斯科因展现了其无尽的才华,帮助英格兰队取得了自1966年以来的最好成绩,但被联邦德国队挡在了决赛的门外。6年之后的1996年欧洲杯,英格兰队在本土作战,加斯科因和队友们奋力拼搏,但还是被德国队在半决赛击败。

两次输球,两次都在点球大战上不敌对手,这让加斯科因颇为

英格兰队

遗憾，因为性格乖张而被称为"坏小子"的加斯科因，也不禁泪流满面。

加斯科因以泪洗面的样子，不仅感动了英格兰球迷，也感动了第一次通过直播观看世界杯比赛的中国球迷。

所以，当加斯科因来到中国踢球时，很多中国球迷都非常期待，哪怕他已经临近退役。

对阵青岛澳柯玛队的比赛是加斯科因这段中国之旅最为"高光"的一场比赛，比赛开始仅仅5分钟，加斯科因便为球队制造了一个点球，在比赛进行到第17分钟时，加斯科因通过反抢夺回球权，将球推射死角入网，打进了第二球。

然而到了4月初，加斯科因请假离队，前往美国亚利桑那州的一家诊所接受恢复性心理治疗，此后便一直未归队，结束了短暂的中国之旅。

这段旅程让中国球迷看到了加斯科因依旧出色的脚下技术，但也让中国球迷看到了酗酒成瘾给加斯科因带来的悲伤结局。

而这位优秀的英格兰队球员的职业生涯，就像他的英格兰队一样，充满了令人唏嘘的故事。

作为现代足球的发源地，英格兰队本应有着辉煌的战绩，但事实却并非如此。

1950年，英格兰队才第一次参加世界杯。此前的半个多世纪，英格兰足球一直怀抱着盲目的自大和骄傲情绪，不屑于参加这项赛事，结果世界杯的初体验，让英格兰队发现自己早已经落后于他人。

好在英格兰队知耻而后勇，经过十多年的努力和学习，终于在1966年的本土世界杯上夺得了冠军。

那是英格兰队历史上唯一的世界杯冠军奖杯，也是其唯一问鼎的国际大赛。

在那一批冠军球员之后，英格兰队依然不乏优秀人才。

凯文·基冈、布莱恩·罗布森、格伦·霍德尔、加里·莱因克尔等人都在当时名噪一时，但到了世界杯赛场，英格兰队屡屡成为获胜者的背景板。

1986年世界杯，当迭戈·阿曼多·马拉多纳凭借"上帝之手"和"世纪进球"成为一代人的偶像时，英格兰队成为阿根廷队的"刀下之鬼"。

1990年世界杯和1996年欧洲杯，以加斯科因为代表的新一批英格兰队球员，一次次地证明着莱因克尔的名言：

"足球是一种简单的游戏，22个人追一个球，跑上90分钟，然后德国人获胜。"

英格兰队

　　1998年世界杯，英格兰队再次踏上征程，阿兰·希勒老当益壮，迈克尔·欧文等年轻球员横空出世，然而同样年轻的大卫·贝克汉姆却因为不冷静的一次犯规，让英格兰队在对阵阿根廷队时少打一人，因此成为全英格兰球迷的公敌。

　　进入新世纪，英格兰队看似人才济济，却始终无法形成一股强大的合力。

　　2002年世界杯，贝克汉姆虽然用进球洗刷了四年前的冤屈，但面对罗纳尔迪尼奥的吊射破门，英格兰队再次败北。

　　此后，英格兰队迎来了人才的井喷期，鲁尼等年轻球员崭露头角。然而，主教练却不得不面对兰帕德和杰拉德两名优秀球员如何共存的难题。

　　这一难题消耗了太多教练的精力，也让英格兰队优秀的球员慢慢老去，只剩下鲁尼一人苦苦支撑。

　　即便他和队友们奋力拼搏，也难以阻挡英格兰队的下滑。

　　尽管如此，英格兰队却始终是外界关注的焦点。

　　很多时候，并不是因为英格兰队的实力出众或表现出色，而只是因为外界总能在这支球队身上挖掘出有趣的故事。英格兰队可能不是最优秀的球队，但一定是最有话题的球队。

　　直到2018年，随着哈里·凯恩、拉希姆·斯特林等年轻球员的崛起，英格兰队终于开始展现出冠军的实力和风采。2018年世界杯、2020欧洲杯、2022年世界杯，英格兰队的表现都让人眼前一亮，尤其是在2020欧洲杯上，其距离历史第二座重要的冠军奖杯只差一步之遥。

英格兰队，这支曾屡次成为众人热议焦点的球队，如今终于用实力证明了自己的价值，而不仅仅是话题的制造者。英格兰队用汗水与坚定的意志，打破了外界的质疑，让全世界看到了真正的英格兰足球风采。

回首英格兰足球队的漫长历程，每一次踏上绿茵场，都是一段刻骨铭心的回忆。每一位身着英格兰队战袍的球员，都在这片热土上铸就了属于自己的传奇，他们，用青春与热血，书写着英格兰足球的辉煌篇章。

自19世纪后期，英格兰队便踏上了国际赛场的征程。这支球队曾因自大而受挫，但那份不屈的斗志与坚定的信念，让其不断前行。终于，在1966年的本土世界杯上，英格兰队勇夺冠军，向世界证明了自己的实力。然而，一座世界杯冠军奖杯，对于作为现代足球发源地的英格兰来说，显然是不够的。英格兰队渴望更多的荣誉，更多的冠军。

岁月流转，英格兰队在国际赛场上的表现愈发稳健。球队在

英格兰队

世界杯、欧洲杯等大赛中屡创佳绩，为球迷带来了无尽的欢乐与自豪。虽然前行的道路上充满了挑战与困难，但英格兰队的将士从未退缩。他们，用坚韧与毅力，一次次地征服了对手，也征服了球迷的心。

如今，英格兰队的未来充满了无限的可能。年轻的球员正崭露头角，他们继承了前辈的光荣传统，也注入了新的活力与激情。相信在未来的日子里，英格兰队将继续为荣耀而战，书写新的辉煌。

第一章

现代足球从这里开始

在足球世界中,英国这个国家占据着极其特殊的地位。

——引语

英格兰队

◆ 极其特殊的地位

在足球世界中,英国这个国家占据着极其特殊的地位。

关于足球这项运动的起源有着五花八门的说法,但现代足球的起源地在英国的英格兰地区,这一点是毋庸置疑的,而这一切都要追溯到19世纪中叶。

当时,最早是慈善家为了穷人的孩子能够接受教育而创办的英国公共学校(简称"公学"),到了19世纪已经演变为贵族和绅士的子女的教育机构。

通常来说,贵族和绅士阶级的休闲活动是狩猎、射击和垂钓,当时的很多公学也在课外开展这些活动,但在公学附近进行狩猎或者射击时,学生们会打扰到周围的居民,所以英国公学的教授和老师一直在尝试创造全新的课外活动,来填补这些学生在公学的闲暇时光。

球类运动就这样应运而生。

刚开始,所有的球类运动都遵循同一套规则。

1848年,来自伊顿公学、哈罗公学、拉格比公学、温切斯特

第一章 现代足球从这里开始

公学和什鲁斯伯里公学的代表出席了在剑桥大学三一学院举行的会议,会议通过了《剑桥规则》。

在《剑桥规则》之下,不同的公学的球类运动规则细节不同,从而诞生了形式不同的球类运动。比如有的公学的规则允许用手触球,有的则不允许用手,球类运动便由此产生了分化,前者后来演变成橄榄球运动,后者即足球运动。

随着球类运动开始从公学内流行到社会上,尤其是在1857年,一群前公学学生创建了谢菲尔德足球俱乐部之后,很多人觉得有必要将规则再次细化。

于是在1863年,英格兰足球总会(简称"英足总")正式成立,同时颁布了第一套官方的球类运动规则,名为《比赛规则》,其中明确禁止球员持球奔跑,也禁止球员踢对方小腿这种动作。

然而这两种行为在部分公学的规则里都是被允许的,所以《比赛规则》的颁布,引发了球类运动的分裂,一部分公学选择退出英足总,留下的这部分公学的球类运动便演化为现代足球。

1870年到1872年,英足总组织了五场英格兰队和苏格兰队之间的比赛,五场比赛都在伦敦肯宁顿椭圆形球场举行。时任英足总秘书长查尔斯·W.阿尔科克在《格拉斯哥先驱报》上撰写的文章显示,阿尔科克明确要求两国都要派遣各自最好的11名球员前来参

英格兰队

赛，这便是英格兰队的历史起源。

不过，国际足球联合会（简称"国际足联"）并不认为这五场比赛是正式的国际比赛，因为苏格兰队全部是由居住在伦敦的苏格兰球员组成。

1872年11月30日，英格兰队第一场被国际足联认可的国际比赛终于正式打响，比赛双方还是英格兰队和苏格兰队，英格兰队的11名球员来自各个俱乐部和大学，这也是英格兰队在国际舞台上的第一次亮相。

随后到了1884年，英国本土四角锦标赛被正式创建。

参赛队伍为英格兰队、苏格兰队、威尔士队和爱尔兰队。作为当时实力突出的强队，苏格兰队获得了第一届赛事的冠军，英格兰队则在1888年夺得冠军，当时英格兰队赢得了全部的三场比赛，包括在客场以5∶0的比分战胜苏格兰队。

在很长的一段时间里，这一直都是英格兰队参加的唯一国际赛事。当足球运动随着英国商人和水手的传播，在欧洲大陆甚至全世界都逐渐风靡起来的时候，英足总还不知道这意味着什么。

第一章　现代足球从这里开始

◆ 与国际足联对抗

20世纪初，法国足球协会提议成立一个单一的机构来监管各个国家和地区的足球协会，尽管英足总表示愿意就所有需要采取联合行动的事项进行协商，但英足总理事会看不到这样一个联合会的优势，所以在1904年国际足联成立的时候，英足总并没有参与其中，也不是创始成员，直至1905年，英足总才选择加入国际足联。

英足总虽然加入其中，但和国际足联的关系始终比较紧张，在很多议题上都有分歧，所以在20世纪早期，英格兰、苏格兰、爱尔兰和威尔士足球总会退出和回归国际足联的剧情反复上演，这让英国的足球发展错失了很多机会。

世界杯这项赛事被创建之前，国际上的重要足球比赛其实就是奥林匹克运动会（简称"奥运会"）的足球赛事。1908年伦敦奥运会，足球被列为正式的比赛项目。当时的国际足联能力有限，所以足球赛事由英足总来负责组织。

由于当时的奥运会规定参加足球比赛的球员只能是业余球员，而不能是以踢球为生的职业球员，所以在1901年，英国国家奥林匹

英格兰队

克足球队（简称"英国国奥队"）正式成立，并在1908年的奥运会上代表英国参赛。

1908年10月20日，英国国奥队开始了自己的奥运会征程。英国国奥队以12∶1的比分战胜瑞典队，随后又以4∶0的比分战胜荷兰队，最后在决赛，英国国奥队以2∶0的比分小胜丹麦队，最后获得了足球赛事的金牌。

这一年，英格兰队还曾前往中欧地区，击败了当时的奥地利队、匈牙利队和波希米亚队（现今的波希米亚属于捷克）。

一系列的胜利，加上英国国奥队夺得的奥运会金牌，让英格兰队依然保持着来自现代足球起源地的骄傲，这种骄傲的心态在当时有理有据，因为在此后的奥运会上，英国国奥队依然有着高人一等的表现。

1912年斯德哥尔摩奥运会，足球赛事依然由英足总来组织，英国国奥队也凭借这一点直接进入八强，后又在1/4决赛上以7∶0的比分大胜匈牙利队，以4∶0的比分战胜芬兰队，最后在决赛以4∶2的比分打败了丹麦队，再次拿到了足球赛事的金牌。

第一次世界大战结束之后，奥运会恢复举办。

1920年安特卫普奥运会期间，英国的四个足总已经退出了国际足联，但英国国奥队还是被国际足联允许参赛，结果在这一次的比赛中，英国国奥队在第一轮就被挪威队以1∶3的比分淘汰，这样的结果震惊了英国国奥队球迷。

不过，后来有更大的事情影响了英足总和国际足联的关系。

1924年巴黎奥运会，误工费的问题开始困扰各国足协。鉴于有本职工作的业余球员代表国家参加奥运会足球赛事，比利时、瑞士、意大利足协认为应该向球员支付误工费。但英国四个足总的规则显示，只要是在英国各个足总注册的球员，在必要费用之外收取任何形式的报酬，都应该被视为职业球员。如果英国的四个足总向参加奥运会足球赛事的球员支付误工费，这些球员反而失去了业余球员的身份，自然也就不能参加奥运会了。

1923年，英国四个足总希望国际足联认同他们的规则，但国际足联选择拒绝，所以英国的四个足总选择不参加1924年奥运会足球赛事。

过了四年，国际足联和英国的四个足总在误工费上的分歧并没有烟消云散。为了让足球出现在1928年阿姆斯特丹奥运会上，国际足联明确表示各国足协应该按时支付给球员误工费，这让英国的四个足总大为光火，继续拒绝参赛。

在谁有解释足球运动规则的权力这件事上，国际足联和英国的足球管理部门针锋相对。

英格兰队

◆ 开启世界杯征程

虽然在奥运会足球赛事上,国际足联需要和国际奥林匹克委员会精诚合作,但在内部,国际足联认为其需要一项属于自己的赛事,从而让各个国家都可以派出最好的球员,彼此之间进行更为精彩纷呈的比赛。

所以在1930年,第一届世界杯在乌拉圭举办,但当时英国的四个足总已经退出国际足联,所以英格兰队没有参赛。

到了1934年,第二届世界杯也成功举办。

看着其他国家的球队共聚一堂、一较高下,只能在旁边看热闹的英格兰队也不免在心里打鼓,所以在向英国外交部申请后,英格兰队邀请1934年世界杯冠军得主意大利队,来到伦敦进行比赛。

这场比赛于1934年11月14日在伦敦的海布里球场举行,由于对战的两支球队都是强队,所以在英格兰,这场比赛被称为"真正的世界杯决赛"。

比赛开始仅两分钟,意大利队的后卫球员路易斯·蒙蒂就被英格兰队球员特德·德雷克铲伤,当时的比赛不允许换人,所以受伤的蒙蒂只好坚持比赛，就在这段时间，英格兰队球员相继取得进球，英格兰队建立了3∶0的领先优势。

不过在下半场，意大利队展现了其作为世界杯冠军的实力。尽管在蒙蒂难以坚持的情况下，意大利队只剩十人作战，但意大利队还是在下半场制造了大量的威胁，意大利队球员朱塞佩·梅阿查梅开二度，但剩下的进攻都被球门框和英格兰队门将弗兰克·莫斯所阻挡，没能帮助意大利队扳平比分。

这场3∶2的胜利让英格兰队放了心，英格兰队由此认为自己还是最强大的球队，所以英足总没有回到国际足联，英格兰队也没有参加世界杯的计划。

1937年，随着国际政治形势愈发紧张，英格兰队出国比赛的次数也大大减少。有限的几场比赛里，英格兰队曾经以5∶4的比分战胜捷克斯洛伐克队，还曾在柏林以6∶3的比分战胜德国队。

随后到了1939年，随着德国入侵波兰，英国对德国宣战，英国政府立即禁止人群集会，这导致英国所有足球比赛都无法进行。和欧洲大陆的国家一样，足球在英国也不可避免地陷入了停滞。

这一停滞，就是六年。

几乎就是在战争结束后的第一时间，从1945年9月15日起，英格兰队、苏格兰队、爱尔兰队和威尔士队，再加上来自欧洲大陆的比

英格兰队

利时队、瑞士队和法国队，在近一年的时间里进行了一系列战胜国之间的比赛。

在这一系列的比赛中，英格兰队取得了3胜3负的战绩，而对阵来自欧洲大陆的球队时，英格兰队以2∶0的比分战胜了比利时队，以4∶1的比分战胜了瑞士队，但以1∶2的比分不敌法国队。

这一系列的比赛其实足以让英格兰队有所警醒——欧洲大陆的球队已经不再是英格兰队过去认为的"鱼腩"和菜鸟。

在沃尔特·温特伯顿担任英格兰队主帅期间，英格兰队虽然曾在1947年以10∶0的比分横扫葡萄牙队、1948年以4∶0大胜意大利队，但通过比赛的表现，温特伯顿发现英格兰队的对手并不像比分所显示的那样弱不禁风。所以在很多场合，温特伯顿多次尝试警告英格兰足坛：欧洲大陆和南美洲的球队正在超越英格兰队，英格兰足坛必须做出改变。

很可惜的是，温特伯顿的话被当作了耳旁风。

1946年，得益于战争结束后欧洲国家的团结意识，英足总回到了国际足联大家庭，所以在1950年世界杯开幕之前，英格兰队也决定参赛并开始备战。

就是在这个时候，英格兰队开始恐慌起来了，因为在1949年，英格兰队在利物浦的古迪逊公园球场以0∶2的比分不敌新近独立的

第一章 现代足球从这里开始

爱尔兰队，历史上第一次在主场输给了非英国球队。

这为英格兰队的第一次世界杯之旅蒙上了一层阴霾。

作为现代足球的发源地，英国难免会在足球事务上有着天然的领导情结。

因为现代足球是英格兰人创造出来的运动，英格兰人觉得自己在这项运动上有着理所当然的话语权，这使得英足总和国际足联有着各种各样的分歧，而这也使得英格兰人十分愿意相信英格兰队是全世界最强大的球队。

然而，随着足球在全世界流行开来，不同地区的人为这项运动增添了不同的特点，所以这项运动当然不会是英国人的专利。至于"英格兰队天下第一"的这种不可一世的念头，并不会帮助到英格兰队，只会让英格兰足球变得更加夜郎自大。

英格兰队的第一次世界杯经历，会让英格兰人感受到不小的打击，而这仅仅是个开始。

随着足球运动的发展，英格兰队融入到世界足坛的大家庭，这是必然的结果。面对这样的结果，即将到来的1950年世界杯，也就是英格兰队参加的第一届世界杯，就会让英格兰队的球迷有着非常高的期许。经过长时间的"与世隔绝"，英格兰队真的可以一飞冲天吗？至少英格兰队和英格兰队的球迷都会有肯定的答案。

英格兰队

然而足球的魅力,就在于让人捉摸不透。哪怕是在遥远的20世纪50年代,足球也是喜欢与球迷作对。这种情况下,英格兰队即将迎来的第一次世界杯之旅,注定不会是一个美好的过程,甚至和英格兰队自己的期望有着很大的差距。

第二章

从天堂跌落的痛苦

来自现代足球发源地的球队在世界杯上的初次亮相如此惨淡,而这仅仅是一个开始。

——引语

英格兰队

◆ 骄傲感跌落凡间

1950年世界杯，国际足联为英国的四支球队提供了两个参加比赛的名额。

于是，1949—1950年的英国本土四角锦标赛被赋予了这项赛事自创办以来最重要的意义，英格兰队、苏格兰队、威尔士队和爱尔兰队进行比拼，前两名参加第二次世界大战后的第一届世界杯。

在这项已经成为预选赛的比赛中，英格兰队三战全胜，以4∶1、9∶2和1∶0的比分相继战胜了威尔士队、爱尔兰队和苏格兰队。

在英国内部，英格兰队还是有着高人一等的实力，只有苏格兰队可以与英格兰队进行真正意义上的竞争，所以在获得第一名之后，英格兰队得到了参加世界杯的资格。

这是英格兰队历史上第一次参加世界杯。

通常来说，第一次的体验都会带上一层青涩的美好色彩，但英格兰队的第一次体验就是打击。

正赛阶段，英格兰队和西班牙队、智利队、美国队被分在了同一个小组。第一场比赛对阵智利队，斯坦·莫滕森在比赛进行到第

第二章 从天堂跌落的痛苦

39分钟时，打进了英格兰队在世界杯赛场上的第一球，随后队友威尔夫·曼尼恩打进球队的第二球，帮助英格兰队战胜智利队。

正当英格兰队憧憬着进入淘汰赛、冲击世界杯冠军的美好愿景时，第二场比赛，英格兰队以0∶1的比分输给了美国队，美国队球员乔·盖特金斯打进了全场的唯一进球。

输给欧洲强队也就罢了，英格兰队居然输给了足球运动并不发达的美国队，更让英格兰队球员难以接受的是，美国队的大多数球员只能算是半职业球员。

美国队的球员沃尔特·巴尔是一名高中教师，弗兰克·博尔吉为叔叔的殡仪馆驾驶灵车，其他人则担任邮递员或洗碗工，甚至还有球员由于请不到假而不得不退出这届世界杯。

而且，这支匆忙集结的美国队只在一起合练过一次。

输给这样的球队，英格兰队的心态大受打击，于是在关键的第三场比赛，英格兰队发挥失常。

就像对阵美国队的比赛一样，英格兰队在西班牙队面前徒劳地制造威胁，没有进球，却在防守中犯下错误，被对手打进了一球，最终就因为这一球，英格兰队以0∶1的比分不敌西班牙队。

三场比赛，来自现代足球发源地的英格兰队奉上1胜2负的战绩，排名小组第二，无缘晋级下一轮。

65

英格兰队

这一届世界杯的结果，让英格兰队的球迷不可置信。

有传言说，当球迷看到英格兰队0：1不敌美国队的报道时，一度以为是报纸出现了印刷错误，应该是英格兰队10：0战胜美国队或者英格兰队10：1战胜美国队才对。

所以，一些不愿接受比赛结果的英格兰媒体暗示美国队的球员并非美国人，而是一群海外移民。唯有编造这样的理由，英格兰人才能接受英格兰队输球的结果。

然而，这样的推测是捕风捉影，美国队球员均由美国人组成，而英格兰队的输球是妄自尊大的必然结果。

来自现代足球发源地的球队在世界杯上的初次亮相如此惨淡，而这仅仅是一个开始。

1953年11月25日，匈牙利队到访英国，在匈牙利队面前，英格兰队在战术上的薄弱和过时更是被凸显得淋漓尽致。

当时的匈牙利队是世界强队之一，队内拥有费伦茨·普斯卡什、约瑟夫·博兹克、桑多尔·科奇斯、佐尔坦·齐博尔和南多尔·希德库蒂等传奇球员，然而经过1950年世界杯的打击，英格兰媒体依然不愿相信自己的球队已经落伍，一厢情愿地将这场比赛称为"世纪之战"。

结果，在伦敦的温布利球场，匈牙利队以6：3的比分击败了英格兰队,这是英格兰队首次在主场输给大不列颠群岛以外的对手。

这场比赛结束之后,英格兰媒体承认了英格兰队在战术层面有着肉眼可见的不足,但英格兰媒体也认为,英格兰队不会输得比这个比分更惨了。

结果,在1954年5月23日,英格兰队回访匈牙利,在布达佩斯的人民体育场(现普斯卡什体育场),英格兰队以1∶7的比分再次失利,创下了历史上最大的输球比分纪录。

两场比赛,英格兰队暴露了自己在各个方面的落后。

战术层面,当匈牙利队在场上通过灵活的换位来制造空间和机会的时候,英格兰队还在坚守着自己的"WM"阵形,于是在对阵匈牙利队时,英格兰队球员经常不知所措,因为对手完全没有按照英格兰队球员预想中的路数踢球。

英格兰队球员已经习惯了防守穿着特定号码球衣的球员,比如后卫球员就要盯防穿着9号球衣的对方中锋球员,但匈牙利队的9号球员希德库蒂经常回撤到中场区域,这就给英格兰队后卫带来了非常多的困惑。

类似的情况,在球场上的每一个区域几乎都在出现,所以匈牙利队想要制造进攻机会,简直是易如反掌。

而在球队的建设层面,英格兰队也有很大的不足。

英格兰队

匈牙利队是时任匈牙利体育部副部长古斯塔夫·塞贝斯一手打造的球队，大部分球员都在军队体系下的球队踢球，平时的训练课程相当高效，球员彼此之间非常默契，这是英格兰队完全没有达到的高度。

虽然英格兰队也有教练，但温特伯顿并没有选拔球员的权利，其只负责在英足总选拔委员会将球员选拔出来之后，尝试着把这些球员揉合成为一个整体，因为选拔委员会在球员的选择上很少能表现出一致性，这使得英格兰队几乎无法成为整体，很多比赛都只能靠球员，比如斯坦利·马修斯这位球星的个人能力来击败对手。

这样一来，面对能力突出且战术有效的匈牙利队，英格兰队自然会一败涂地。

当时还是球员，后来担任英格兰队主帅的博比·罗布森就在后来的采访中表示："对我们（英格兰队球员）来说，他们（匈牙利队球员）是来自火星的人。"

两场比赛的结果，戳破了英国足坛长期以来自居天下第一的泡沫，英格兰球员在技术和身体素质上都不再优于外国球员，甚至可以说远远落后。

于是，英国足坛的教练和球员第一次将目光投向欧洲大陆，以此寻求战术和训练方面的进步。1957年，英格兰的曼联队俱乐部开始参加欧冠,这是英足总之前始终不愿意让旗下俱乐部做的事情,除此之外,曼彻斯特城队、托特纳姆热刺队和西汉姆联队等球队也开始全方位向匈牙利队学习,从而为自己取得成功奠定了坚实的基础。

这才是真正的进步之道。

◆ 追赶路正式起航

不过,想要让进步体现在英格兰队的战绩上,是需要时间的。

1954年世界杯,英格兰队仍然是从英国本土四角锦标赛上获得的参赛资格。英格兰队依然在英伦三岛内部有着得天独厚的优势,在对阵苏格兰队、威尔士队和北爱尔兰队的时候,英格兰队都取得了胜利,最后以第一名的成绩获得了参加世界杯的资格。

而在这届世界杯上,英格兰队已经有了一些进步。

1954年世界杯采用了一种奇怪的赛制。

参加正赛的十六支球队被分为四组,每组四支球队。每组包含两支种子球队和两支非种子球队。每个小组只安排了四场比赛,每场比赛都是由种子球队对阵非种子球队。

英格兰队

除此之外，奇怪的地方还在于小组赛的比赛中，如果90分钟后双方比分相同，则进行加时赛，如果120分钟后比分仍然相同，则结果为平局。

比赛结束后，如果两队名次并列，则进行附加赛，以此决定哪支球队晋级下一阶段；两队如果在90分钟的附加赛中打平，则要进行加时赛和抽签。

在这种规则下，英格兰队和同组的意大利队被选为种子球队，种子球队之间不进行比赛，各自与瑞士队和比利时队进行较量。

第一场比赛，英格兰队对阵比利时队。

这场比赛的一开始，比利时队就先进一球，而到了比赛的第63分钟时，英格兰队已经以3∶1的比分领先，看起来大局已定，然而接下来的比赛中，英格兰队两次出现防守失误，将到手的胜利不慎丢掉。进入加时赛，两支球队各进一球，但比利时队的进球来自英格兰队球员的自摆乌龙，于是英格兰队只好接受与比利时队战平的结果。

第二场比赛，英格兰队则相对稳健地以2∶0的比分打败了瑞士队，从而以小组第一的名次晋级到淘汰赛。

1/4决赛，英格兰队的对手是当时实力强劲的乌拉圭队，于是在比赛的上、下半场，英格兰队都处于下风，最后以2∶4的比分输掉了比赛，结束了自己的第二届世界杯征程。

第二章　从天堂跌落的痛苦

◆ 痛苦的空难打击

虽然英格兰队成绩和表现依然不佳，但第一次闯进淘汰赛，让英格兰队看到了一些进步的希望。

随着英格兰的球队纷纷向欧洲大陆的球队学习，并且通过与欧洲大陆的球队进行比赛来提高自己的水平，一批优秀的球员正在慢慢地成长，球队的实力也有所增长。

1958年世界杯预选赛，英国本土四角锦标赛不再扮演预选赛的角色，英格兰队和爱尔兰队、丹麦队被分在一组，在4场比赛取得了3胜1平的战绩，从而以小组第一的名次晋级到世界杯正赛阶段。

英格兰队的前景正在逐步向好，媒体和球迷也相信英格兰队可以在1958年世界杯上有所作为，然而在1958年初，这一梦想不幸破灭。

1958年2月6日，当时的英国欧洲航空公司609号航班在联邦德国的慕尼黑-里姆机场第三次尝试起飞时坠毁。这架飞机上载着曼联队球员，还有一些记者和球迷。机上共有44人，其中20人当场死亡，3人在送医之后不治身亡。

这场空难夺去了8名曼联球员的生命，其中3名球员也是英格兰

英格兰队

队的主力球员。

这3名球员分别是自1954年首次代表英格兰队出场后，从未缺席过一场英格兰队比赛的边后卫罗杰·伯恩，代表英格兰队出场19次就攻入16球的中锋汤米·泰勒和被普遍认为是英国足坛最优秀的边锋球员邓肯·爱德华兹。

除此之外，边锋球员大卫·佩格也不幸遇难，佩格刚刚在英格兰队上演首秀，也被认为是1958年退役的汤姆·芬尼在英格兰队的接班人。

这场空难严重地削弱了英格兰队的实力，让英格兰队不得不在很多位置上起用替补和年轻球员，比如在空难中受伤的博比·查尔顿。

在伤愈复出之后，博比·查尔顿在1958年4月完成了自己在英格兰队首秀，随后开始了其在英格兰队的传奇生涯。

1958年世界杯，英格兰队遇上了强敌。

英格兰队在小组赛的对手分别是实力强大的巴西队、获得1956年墨尔本奥运会足球金牌的苏联队和1954年世界杯季军奥地利队。

在这样强敌环伺的情况下，实力受到削弱的英格兰队的表现差强人意。英格兰队在第一场比赛对阵苏联队，比赛进行到第56分钟时已经两球落后，但在比赛结束时，英格兰队将比分扳成了2：2的平局。

第二场比赛迎战巴西队，英格兰队没有在防守中出现错误，巴西队没有找到破门的机会，但这也影响了英格兰队在进攻端的发挥，于是两支球队互交白卷，这场比赛也是世界杯历史上第一场没有进球的比赛。

两战皆平，英格兰队上下都想在第三场比赛取得胜利，但此前两战皆负的奥地利队更是如此，所以两支球队在第三场比赛打得相当激烈，奥地利队首开纪录，英格兰队在下半场扳平比分，奥地利队在比赛进行到第71分钟时再进一球，3分钟后英格兰队再度扳平，比分就此停留在了2∶2的结果上。

三场平局的结果是英格兰拿到三个积分，和取得1胜1平1负的苏联队一样，所以两支球队需要进行一场附加赛，以此确定谁能晋级淘汰赛、谁要打道回府。

在这场附加赛上，英格兰队失去了小组赛第一场对阵苏联队时的进球能力，长达90分钟的时间内，英格兰队对苏联队束手无策，苏联队则在比赛进行到第69分钟凭借阿纳托利·伊林的进球，以1∶0的比分战胜了英格兰队，将英格兰队送回了家。

1958年世界杯，英格兰队的表现并不算差，而且英格兰队还有很大的进步空间，但是考虑到同组对手的实力、慕尼黑空难带来的影响，以及此前两届世界杯上的表现，对比下来，英格兰队其实可以得到一些理解和称赞。

但是，英格兰媒体向来都是口下不留情的。

英格兰队

万幸的是,外界的批评没有让英格兰队球员感到过度的伤心,球员依然在默默地寻求进步,尝试着在战术层面寻求突破的同时,也在个人能力上不断努力。

回到国际足坛的大家庭,英格兰队发现自己早已不是最强的球队,而这个过程当然是极其痛苦的,但唯有面对这个事实、承认这个事实,才能在这个事实上革新自我,重新找回自己在国际足坛的位置。

对于来自现代足球发源地的英格兰队来说,迈出了第一步,剩下的事情就不会更难了。

第三章

1966年与冠军荣誉

在不知不觉中,拉姆齐的夺冠预言悄然成为现实。

——引语

英格兰队

◆ 世界杯再次苦涩

二十世纪五六十年代，英格兰队一直在不断地追赶欧洲大陆的先进球队的水平，但是根植在英国土地中的对于足球事务的那股骄傲情绪，依然会时不时地流露出来。

1957年，欧洲足球协会联盟（简称"欧足联"）开始商讨创建一项属于欧洲国家的全新赛事——欧洲国家杯，也就是欧洲杯的前身。

当时，欧足联的想法是在两届世界杯之间的偶数年举办欧洲国家杯，预选赛则从前一年就开始举行，尽可能少地影响球员在俱乐部和世界杯的比赛日程。

然而，面对新鲜事物，英国人总是有一种天然的抵触情绪。英足总担心这项赛事会干扰到英格兰本土的俱乐部比赛和英格兰队与其他球队之间的比赛，所以在投票时投出了弃权票。

这使得英格兰队没有参加1960年的第一届欧洲国家杯。

当然了，坐观其变的不止英格兰，包括联邦德国、意大利、荷兰等国家都投了反对票，所以这些国家也没有派遣自己的球队前去参赛。

于是在第一届欧洲国家杯期间，英格兰队在传统的英国本土四角锦标赛之外，和很多球队相约比赛，包括意大利队、巴西队、秘鲁队、墨西哥队、瑞典队、南斯拉夫队、西班牙队、匈牙利队，这些比赛的结果有胜有负，让英格兰队慢慢地走出了慕尼黑空难的阴影。

1962年世界杯，英格兰队再踏征程。预选赛阶段，英格兰队和葡萄牙队、卢森堡队被分在了同一小组，4场比赛取得了3胜1平的战绩，顺利晋级，唯一的没有取胜的比赛是在客场以1∶1的比分战平了葡萄牙队。

整个预选赛，英格兰队的表现稳定了很多，这让英格兰队对于即将到来的世界杯正赛有了更多的期待。

不过，到了小组赛，英格兰队的签运仍然一般。

小组赛阶段，英格兰队的第一场比赛就是对阵曾经给英格兰队带来切肤之痛的匈牙利队，这一次英格兰队依然难逃输球的命运，但比分已经缩小到了1∶2的结果上。

第二场比赛，阿根廷队前来挑战英格兰队。这场比赛，英格兰队打出了让英格兰队的球迷无比兴奋的比赛。上半场比赛，英格兰队就凭借罗恩·弗劳尔斯和博比·查尔顿的进球，打出了对阿根

英格兰队

廷队的两球优势，下半场比赛，率先进球的依然是英格兰队，吉米·格里夫斯的进球让英格兰队更加放心，而阿根廷队在最后时刻的进球已经制造不了什么威胁。

这场比赛结束之后，英格兰队在小组赛的最后一个对手是保加利亚队。这场比赛打得相当胶着，结果两支球队都未能攻破对方的球门，以0∶0的比分收场。

三场小组赛之后，英格兰队以1胜1平1负的战绩拿到了三分，凭借平均进球数更多的优势力压同样积三分的阿根廷队，从而以小组第二名的身份晋级淘汰赛。

这只是英格兰队在世界杯历史上第二次征战淘汰赛，所以英格兰队的经验依然微乎其微，尤其这次英格兰队以小组第二的身份出线，1/4决赛就很难避开强队了。

结果在1/4决赛，英格兰队碰上了巴西队。

二十世纪五六十年代，在贝利、加林查等优秀球员不断涌现的情况下，巴西队独步天下，所以对于英格兰队来说，这场比赛就是九死一生。

这场比赛的强弱对比是如此分明，所以英格兰队最终以1∶3的比分落败，一点都不让人奇怪，反倒是英格兰队在上半场一度扳平比分，而且巴西队最后夺得了冠军，这些消息都让英格兰队球迷相当欣慰，但也只限于欣慰而已。

自1954年世界杯以来，英格兰队再次止步世界杯八强。

◆ 强硬教头的宣言

虽然，球队在世界杯赛场上没有突破，但在球队内外，令人兴奋的变化正在出现。

从慕尼黑空难中幸存的博比·查尔顿已经堪当大任，更多的年轻球员也开始崭露头角，就比如球风优雅的年轻后卫博比·穆尔。

而在球队之外，主教练温特伯顿离任，曾经担任过英格兰队队长的阿尔夫·拉姆齐接手球队，最重要的是，拉姆齐从选拔委员会的手中夺来了选拔球员、组建球队的权利，从而成为真正意义上的掌舵者。

不过，1964年的欧洲国家杯，终于选择参赛的英格兰队在温特伯顿带队的首回合，在主场和法国队战成1∶1的平局。

而拉姆齐接手之后，英格兰队在1963年2月27日举行的次回合比赛上以2∶5的比分惨败于法国队。

这场比赛的失败，导致英格兰队无缘1964年欧洲国家杯的正赛

英格兰队

阶段，但对于英格兰队来说，1963年有着更重要的比赛任务。

1963年正值英足总成立一百周年，英足总为此举办了百年庆典，开展了宴会、座谈会等各种活动，当然还有比赛。

其中最精彩的一场比赛是英格兰队和国际足联选出的"世界足球明星联队"的较量。英格兰队的阵容中有博比·查尔顿、格里夫斯、戈登·班克斯等名将，世界足球明星联队的阵容同样星光熠熠，像阿尔弗雷多·迪斯蒂法诺、普斯卡什、乌韦·席勒、丹尼斯·劳、列夫·雅辛、尤西比奥等球星均在其中。

这场比赛，英格兰队最终依靠格里夫斯的助攻和进球，以2∶1的比分击败了世界足球明星联队。

当然了，这场比赛只是一场取悦观众的视觉盛宴，在提升英格兰队的水平上，这种比赛并没有多少实质性的帮助。

关键的提升，还在于英格兰队和强队之间的比赛上。

在1963年的早些时候，英格兰队继续约战强队。与巴西队、捷克斯洛伐克队和瑞士队的三场比赛结束之后，主教练拉姆齐和球员受到了各种赞扬，因为在这三场比赛中，英格兰队以1∶1的比分战平巴西队、以4∶2的比分战胜了捷克斯洛伐克队、以8∶1的比分横扫了瑞士队。

而在1964年，在其他球队都在征战欧洲国家杯的时候，英格

第三章 1966年与冠军荣誉

兰队前往南美，参加了一项在巴西举办的被称为"小世界杯"的锦标赛。这项比赛旨在庆祝巴西足球联合会成立50周年，在巴西队之外，赛事组委会还邀请了阿根廷队、葡萄牙队和即将举办1966年世界杯的东道主队——英格兰队。

不过在这项赛事上，拉姆齐在英格兰队主帅位置上的蜜月期结束了。

首场比赛，英格兰队就以1∶5的比分惨败于巴西队，格里夫斯为英格兰队挽回了一丝颜面。第二场比赛，英格兰队则和葡萄牙队战成平局，先丢球的英格兰队与取胜仍然有些距离。最后一场比赛，英格兰队以0∶1的比分输给了阿根廷队，带着三场不胜的成绩从南美归来。

这一战绩，让拉姆齐和英格兰队的压力都很大，毕竟距离本土举办的1966年世界杯已经为时不远，整个1965年，拉姆齐都被笼罩在外界的批评声中。

于是在1966年世界杯开幕前的两个月，压力极大的拉姆齐赌气般地对外公开宣布："英格兰队将夺得在英格兰举办的这一届世界杯的冠军。"

英格兰队

◆ **世界冠军载史册**

刚开始，拉姆齐这句话当然被外界视为胡言乱语。

世界杯开幕之后，作为东道主的英格兰队没有帮自己抽到一个好签，小组内是乌拉圭队、墨西哥队和法国队这样的强敌。然而在揭幕战上，英格兰队和乌拉圭队一起给温布利球场内的87,148名球迷奉献了一场沉闷的0∶0平局，这是英格兰队自1945年以来第一次在温布利球场未能进球。

揭幕战结束之后，拉姆齐的夺冠预言更是成为英国媒体嘲笑其和球队的素材，就是在这样的舆论环境下，英格兰开启了自己的胜利之路。

第二场比赛，英格兰队遭遇墨西哥队，上、下半场，博比·查尔顿和罗杰·亨特各进一球，以2∶0的比分战胜了墨西哥队。

最后一场比赛，英格兰队只要不输给老对手法国队，就可以占据小组出线的主动权。而在这场比赛当中，英格兰队虽然凭借亨特的进球赢得了比赛，从而顺利晋级八强，但在比赛中失去了格里夫斯，后者在比赛中不幸受伤。

第三章 1966年与冠军荣誉

替补登场的杰夫·赫斯特，就此开始了自己神奇的世界杯之旅。

1/4决赛，这是英格兰队在1954年和1962年世界杯止步的地方，而这一次，英格兰队又碰到了强敌阿根廷队。

过去几年之间，两支球队已经交手多次，彼此之间已经非常熟悉，比赛因此打得非常胶着且激烈，直至比赛进行到第78分钟，英格兰队才叩开了胜利之门，而为英格兰队打进关键一球的正是赫斯特。

凭借一个替补球员突破了英格兰队在世界杯赛场上的"八强天花板"，拉姆齐不禁对接下来的比赛有了更多的思考，但进入四强后，比赛的压力也变得越来越大。

半决赛，英格兰队的对手是表现出色的葡萄牙队。

凭借尤西比奥的神奇发挥，葡萄牙队也在这届世界杯有了突破性的表现，葡萄牙队的进攻能力让英格兰队也不得不有所担忧，于是英格兰队对阵葡萄牙队的这场比赛临时更换了场地，由利物浦的古迪逊公园球场改为伦敦的温布利球场。

传言英格兰官员正是担心尤西比奥的进攻能力，才将这场比赛放在了能容纳更多球迷的温布利球场，希望英格兰队球迷能给葡萄牙队制造更大的客场压力，由此也可以看出来，为了能让英格兰队

英格兰队

取得更好的成绩，主办方有多么煞费苦心。

但是，对于英格兰队来说，不管在哪里比赛，对手都是一样的，所以面临的挑战也是一模一样的，更何况最后的结果显示，即便换了场地，尤西比奥还是有所斩获。

半决赛上，拉姆齐将盯防尤西比奥的任务交给了中场球员诺比·斯蒂尔斯。

斯蒂尔斯的防守能力相当突出，但也难免因此被贴上"球风粗野"的标签。淘汰赛之前，由于媒体和球迷认为斯蒂尔斯的踢球风格影响了英格兰队的光辉形象，英足总一度"建议"拉姆齐在淘汰赛期间不要使用斯蒂尔斯。

如果在温特伯顿担任主帅的时期，这样的建议会很有效果，但对于已经拿到了选择权的拉姆齐来说，这样的建议是在干扰拉姆齐的工作，拉姆齐随即表示如果英足总再向自己施压，他会立刻宣布辞职。

这样的事情当然没有发生，于是拉姆齐继续使用斯蒂尔斯，斯蒂尔斯也在对阵葡萄牙队的比赛中回报了主教练的莫大信任，在大部分时间内都封锁了尤西比奥，只让尤西比奥在比赛末段打入了一个点球。

而在这之前，博比·查尔顿已经为英格兰队梅开二度。

2∶1战胜葡萄牙队后，英格兰队创造历史的机会近在眼前。

就在这个时候，小组赛阶段受伤的主力前锋格里夫斯伤愈复出，外界都认为赫斯特可以回到替补席，格里夫斯则应该在决赛首发出场。

然而，拉姆齐的哲学是"永远不要改变一支获胜的球队"，即便决赛的压力来到肩上，拉姆齐选择了继续信任赫斯特，赫斯特就像半决赛上的斯蒂尔斯一样，回报了主教练。

虽然，英格兰队在对阵联邦德国队的这场决赛率先丢球，在比赛进行到第12分钟时就陷入落后局面，但仅6分钟过后，赫斯特就扳平了比分，让双方回到同一起跑线。

此后的比赛相当激烈，双方虽然都制造了不少进攻机会，但也在对手的防守中无功而返，直至比赛进行到第78分钟时，英格兰队的马丁·彼得斯打进一球，帮助英格兰队以2∶1的比分面对接下来的比赛，就在常规时间只剩一分钟的时候，英格兰队的防守出现了问题，英格兰队让联邦德国队球员沃尔夫冈·韦伯抓住了进球机会，联邦德国队从而将比分扳平，也将比赛拖入了加时赛。

对于被扳平的球队来说，接下来的加时赛是一场更为艰苦的战斗，因为本来可以放松下来的神经，不得不重新紧绷起来。

英格兰队球员也面临着这个压力。赫斯特记得有些球员本来准

英格兰队

备在加时赛前抓紧时间躺在球场上休息一下，但拉姆齐不允许球员这样做，反倒指向了躺在球场上的联邦德国队球员并说道："他们完了，他们已经累了。"

拉姆齐鼓励自己的球员继续保持强势，把本来已经到手的胜利重新拿回来，于是在加时赛，英格兰队依然能够持续地奔跑下去，但联邦德国队已经有了疲态，而且从另一个角度来说，拉姆齐的体能训练成果和重用年轻人的思路，也是助推英格兰队的力量源泉，于是在比赛进行到第101分钟，赫斯特打进了其在这场比赛的第二球。

此球究竟有没有打进，时至今日也是一桩悬案。赫斯特的射门先是击中了球门横梁的下缘，随后弹在了地面上，被联邦德国队后卫解围出去。

飞行过程中，球有没有一瞬间已经完全越过门线，这个问题困扰到了当时的裁判戈特弗里德·丁斯特，主裁判只好和助理裁判进行讨论，最后判罚进球有效。

这一判罚结果大大鼓舞了英格兰队球员，自然也让联邦德国队球员相当无奈，于是在加时赛即将结束时，赫斯特再进一球，终结了这场比赛的悬念，赫斯特也成为第一位在世界杯决赛上演帽子戏法的球员。

很显然，英格兰队能够收获自己的第一座世界杯冠军奖杯，赫斯特是当之无愧的功臣之一。

在不知不觉中，拉姆齐的夺冠预言悄然成为现实。

随着冠军入账，所有对于拉姆齐和英格兰队的批评都烟消云散，在那个举国欢庆的时刻，拉姆齐非常潇洒地走到一旁，将舞台让给了自己的球员。

因为这届世界杯而来到人生巅峰的博比·查尔顿，就在赛后赞扬了拉姆齐和其带领英格兰队夺得世界杯冠军的方法："他（拉姆齐）非常专业，并且像我见过的任何一位教练一样受到球员的欢迎。他是一个胜利者，如果没有拉姆齐，英格兰队就不会在1966年世界杯中夺冠。是他带我们创造出最自豪的时刻。"

于是在第二年，凭借帮助英格兰队夺得世界杯冠军的功绩，拉姆齐获得了爵士称号，成为第一位获得这一荣誉的足球教练。

◆ 顶峰荣耀的余温

英格兰队成为世界杯冠军之后备受期待，毕竟博比·查尔顿、赫斯特等球员正值职业生涯的黄金时期，英格兰队应该可以获得更

英格兰队

多的荣誉。

于是在1968年欧洲杯，英格兰队被视为夺冠热门球队。

预选赛期间，欧足联也借鉴了国际足联的早期做法，将英格兰队和苏格兰队、威尔士队、北爱尔兰队分在一组，利用英国本土四角锦标赛来决出参加正赛的名额。在将1966—1967年和1967—1968年两届英国本土四角锦标赛的成绩合并计算之后，英格兰队凭借4胜1平1负的战绩成为小组第一，从而晋级到下一阶段的预选赛。

英格兰队在这一阶段的对手是西班牙队，主、客场两个回合的比赛，英格兰队全部取得了胜利，但这两场比赛打得有些艰难，英格兰队都是在比赛进行到第80分钟后才打进制胜球。

所以来到1968年欧洲杯正赛，英格兰队的前景并没有外界想象中的那么美好。

1968年欧洲杯在意大利举行，英格兰队在半决赛的对手是南斯拉夫队，英格兰队穷尽90分钟也没有收获进球，反倒让南斯拉夫队的德拉甘·扎伊奇在比赛进行到第86分钟时打进一球，英格兰队从而无缘决赛，只能和在另一场半决赛输球的苏联队争夺第三名。

这场比赛，英格兰队有所起色，博比·查尔顿和赫斯特在上、下半场各进一球，英格兰队最终以2∶0的比分战胜苏联队，成为这届欧洲杯的季军。

第三章　1966年与冠军荣誉

这届比赛，英格兰队的表现没有符合大众期望，但也没有影响到拉姆齐的声望，他依然在这支球队有着极高的话语权。

1970年世界杯，作为上届世界杯冠军的英格兰队无须参加预选赛，而在观察队伍在几场友谊赛中的表现之后，拉姆齐认为英格兰队比1966年更强了，因为博比·查尔顿、博比·穆尔和班克斯等名将仍然完好无损，赫斯特、彼得斯和艾伦·鲍尔的声誉进一步提升，穆勒里等年轻球员的成长也让人欣喜。

不过，在备战1970年世界杯期间，场外的纷扰影响到了英格兰队。

1970年世界杯在墨西哥举办，为了应对高海拔和炎热天气的挑战，英格兰队决定在到达墨西哥的前方基地之后，前往哥伦比亚和厄瓜多尔进行两场比赛。

当时的行程是英格兰队先与哥伦比亚队进行一场比赛，再与厄瓜多尔队进行较量，随后再经停哥伦比亚，回到墨西哥的前方基地。

到达哥伦比亚的波哥大之后，英格兰队下榻当地的酒店。比赛前，队长博比·穆尔和博比·查尔顿一起到酒店旁边的珠宝店为博比·查尔顿的妻子挑选礼物，在两人没有相中任何饰品准备离开之际，店里的工作人员克拉拉·帕迪拉指控博比·穆尔从展示柜里偷

英格兰队

了一条贵重的手镯。

在警察、拉姆齐和英格兰队的工作人员都到场之后，博比·穆尔当然否认了指控，警察在没有更多证据的情况下也没有发现其他疑点，还为此事引发的不便向英格兰队道歉。

之后的比赛顺利进行，博比·穆尔帮助英格兰队以4：0的比分击败了哥伦比亚队，随后全队前往厄瓜多尔，在那里也收获了胜利。

在厄瓜多尔的行程结束之后，英格兰队的工作人员曾经建议，为了避免任何风险，球队应该修改计划，改由经停巴拿马城的路线回到墨西哥，但这个建议遭到拉姆齐和博比·穆尔的拒绝，博比·穆尔觉得这等同于变相承认自己不清不白。

然而，就在回到哥伦比亚之后，博比·穆尔遭到了哥伦比亚警察的逮捕。

当时距离世界杯开幕只有几天了，英格兰队只能在没有队长的情况下回到墨西哥，所以英格兰队留下了两名官员协助博比·穆尔，英国大使馆的官员也在当地提供帮助。

在被拘留在当地警察局局长的家中数日之后，博比·穆尔在法庭上被判无罪，从而在世界杯即将开幕前赶到了英格兰队第一场比赛的举办地瓜达拉哈拉，英格兰队已经在那里准备6月2日对阵罗

第三章 1966年与冠军荣誉

马尼亚队的首场比赛。在机场，博比·穆尔受到了拉姆齐的热情迎接，到达酒店时，其他球员也列队迎接。

6月2日，作为队长的博比·穆尔带领英格兰队以1∶0的比分战胜罗马尼亚队。

涉事的那家珠宝店在事发之后很快就停业了，指控穆尔的珠宝店工作人员帕迪拉也离开了哥伦比亚。所以人们普遍认为，这一事件是一场没能成功的陷害，要么是为了敲诈英格兰队，要么就是为了让博比·穆尔无缘世界杯，从而削弱英格兰队的实力。

这一事件的确打乱了英格兰队的备战计划，但博比·穆尔的状态没有受到影响，他帮助英格兰队击败小组赛的第一个对手之后，英格兰队迎来了巴西队的挑战。

在比赛中，博比·穆尔一次精准、干净的铲断让其收获了好评，队友班克斯在贝利头球射门时的扑救，也被誉为"世纪扑救"，不过，英格兰队在防守端频频出问题也说明了英格兰队这场比赛打得艰难无比。

虽然，英格兰队表现得相当顽强，但雅伊尔津霍还是抓住机会打进一球，最终让英格兰队输掉了这场比赛。

第三场比赛，英格兰队以1∶0的比分小胜捷克斯洛伐克队，以小组第二名的身份晋级到了淘汰赛。

英格兰队

英格兰队虽然受到场外事件的干扰，但表现得较为稳定，然而在1/4决赛，英格兰队遇到了劲敌——1966年世界杯决赛上输给英格兰队的联邦德国队。

此次相遇，联邦德国队的战斗意志自然无比高涨，但在比赛当中，英格兰队在上半场就打进两球，一度建立了2∶0的领先优势，但在比赛进行到第68分钟时，联邦德国队凭借弗朗茨·贝肯鲍尔的进球，将比分扳为了2∶1。

就在这个微妙时刻，拉姆齐做出了后来被证明是错误的换人决定：拉姆齐换下了博比·查尔顿和彼得斯。

当时拉姆齐认为，英格兰队虽然丢掉一球，但已经足以拿下这场比赛，所以在墨西哥酷热的天气下，拉姆齐决定让博比·查尔顿和马丁·彼得斯提前下场休息，为半决赛养精蓄锐。

然而，替补门将彼得·博内蒂犯下了错误。

这场比赛，班克斯因病缺席，博内蒂披挂上阵，但博内蒂的表现并不够好，联邦德国队第一次进球时，博内蒂的反应就有些慢。丢球之后，博内蒂变得更加局促不安，于是在比赛进行到第82分钟时，联邦德国队打进了第二球，将比赛拖入加时赛。

失去了主力球员，替补门将的状态欠佳，英格兰队在这一次的加时赛里没有了4年前的活力十足，比赛进行到第108分钟，盖

第三章 1966年与冠军荣誉

德·穆勒为联邦德国队打进第三球，从而将英格兰队淘汰出局。

1966年，拉姆齐的预言成为现实，但1970年，拉姆齐所说的"球队比4年前更强"，只为英格兰队换回了一个世界杯八强的成绩，替补门将博内蒂当然成为众矢之的，但拉姆齐在比赛中的换人也让其无法逃脱批评，由此开始，拉姆齐不再被完全视为英格兰队主帅的正确人选，外界对拉姆齐的质疑和批评声逐渐大了起来。

英格兰队夺得1966年世界杯冠军，实力使然也好，凑巧走运也好，但这是英格兰队在世界杯上夺得的唯一冠军。哪怕是被视为失败的1970年世界杯，也会是很长一段时间里英格兰队球迷比较美好的回忆。

在某种意义上，也正是从夺得1966年世界杯冠军开始，英格兰队跻身了世界足坛豪门球队的行列。成为豪门球队，那便应该拥有豪门球队的样子。因此每逢国际大赛，英格兰队都会是夺冠热门球队之一。加之英格兰队在全世界范围内有很多球迷，这就让英格兰队一直是媒体和舆论的焦点。

不过，英格兰队迟迟不能完成球迷的期许，也不能再现1966年世界杯冠军的辉煌。球队一直被称为强大的"三狮军团"，但迟迟取不得应有的成绩。仿佛夺得1966年世界杯冠军，用尽了英格兰队的运气，而这个好运的下一次到来，却无法预判。

英格兰队

1966年世界杯冠军，仿佛成为英格兰队的冠军诅咒。就连当时决赛中的"门线悬案"，都在英格兰队日后的世界杯征程中再次重现，只不过英格兰队成为"门线悬案"的受害者。这就是足球的奇妙，也是英格兰队的无奈。

第四章

来自冠军的诅咒

> 外界不会理解英格兰队的成绩取决于一代球员的真实能力,只是轻而易举地得出结论:英格兰队就理所应当取得好成绩。
>
> ——引语

英格兰队

◆ 进入莫名的低谷

1970年世界杯落幕之后,英格兰队不得不在批评声中迎来1972年欧洲杯。

这次,英格兰队进入常规的预选赛流程中,和瑞士队、希腊队、马耳他队被分在同一个小组。

小组内的对手不强,所以英格兰队的比赛难度不是很大,英格兰队6场比赛取得了5胜1平的战绩,轻松晋级到下一阶段。

结果,英格兰队又碰到了联邦德国队。主场比赛,英格兰队就以1∶3的比分落败,次回合的比赛压力因此变得更为沉重,最终以0∶0的比分战平的结果已经不错,只不过英格兰队无法逆转总比分了,也失去了进入1972年欧洲杯正赛的资格。

连续两届国际大赛的低迷表现,让世界杯冠军教头拉姆齐的英格兰队生涯已经开始进入倒计时,拉姆齐能挽救自己帅位的机会,只剩下了1974年世界杯。

这届世界杯预选赛,英格兰的对手只有两个——波兰队和威尔士队。长久以来,威尔士队就不是英格兰队的对手,这一点在过往

第四章　来自冠军的诅咒

的英国本土四角锦标赛中就可以得到验证，所以这本该是一次没有什么难度的预选赛。

第一场比赛，英格兰队在客场以1∶0的比分小胜威尔士队，但在第二场比赛，英格兰队居然在主场以1∶1的比分战平了威尔士队，让英格兰队球迷惊诧不已。

已经丢掉了一个积分，英格兰队在接下来对阵波兰队的比赛就不容有失，然而1938年以来，波兰队一直在进步，于是第三场比赛，英格兰队在客场遭遇了麻烦，罗伯特·加多查和沃齐米日·卢班斯基的进球，让英格兰队在客场以0∶2的比分输给了波兰队。

如此一来，1973年10月17日英格兰队在主场迎战波兰队的比赛，就成为英格兰队的生死之战，唯有取胜才有希望进入1974年世界杯的正赛阶段。

为了打好这场比赛，拉姆齐曾要求推迟在周末进行的俱乐部比赛，从而使队员全身心投入到英格兰队的备战工作。但那时的拉姆齐已经没有了冠军的无上光环，这一要求遭到了英格兰足球联赛联盟秘书长艾伦·哈德克的拒绝。

哈德克在回复中说："这是一场足球比赛，而不是一场战争。"

外部没有给予便利，球队的状态也没有好转。

最后这场比赛，英格兰队在比赛进行到第57分钟时先失一球，

英格兰队

虽然英格兰队在比赛进行到第63分钟时通过点球扳平比分，但接下来的比赛里，英格兰队对波兰队形成猛烈的攻势，射门却被波兰队门将扬·托马谢夫斯基悉数扑出，1∶1的比分一直保持到了比赛结束。

最终，英格兰队在小组赛当中1胜2平1负，排名低于波兰队，无缘1974年世界杯。

经过长时间的讨论，1974年5月1日，拉姆齐最终被英足总解雇。传言拉姆齐与英足总主席哈罗德·汤普森关系不睦，所以汤普森抓住了这次兵败的宝贵机会，不仅得以解雇拉姆齐，还可以将其羞辱一顿。

拉姆齐后来接受采访时，透露了其被告知解雇消息时的场景："这是我一生中最具毁灭性的半个小时。我站在一个几乎挤满了旁观的委员会人员的房间里，就像我正在接受审判一样，我以为我会被绞死。"

拉姆齐被解雇之后，经过乔·默瑟的短期代班，英足总最终任命了唐·里维为新任的英格兰队主帅。

英足总认为，当时的英格兰队仍然有不错的实力，只要换一名教练就可以重振雄风，然而，英格兰队在1976年欧洲杯的表现打破了英足总的想象。

1976年欧洲杯预选赛，英格兰队和捷克斯洛伐克队、葡萄牙队、塞浦路斯队被分在了同一小组。前四场比赛，英格兰队表现尚可，取得了3胜1平的战绩。

然而，接下来英格兰队在客场以1∶2的比分不敌捷克斯洛伐克队，这使得英格兰队必须要在葡萄牙的客场取得一场胜利才能有把握晋级，但最终的结果只是一场1∶1的平局。

6场比赛3胜2平1负，英格兰队以一分之差落在获得小组第一的成绩的捷克斯洛伐克队身后，再次无缘欧洲杯正赛。

在这届欧洲杯预选赛期间，里维的执教方式就开始让一些人难言自在了。

担任英格兰队主帅之前，里维在英格兰的利兹联队工作，里维在那里营造了很好的氛围，但其将一些团队建设项目引入英格兰队时，出现了问题——在俱乐部，球员朝夕相处，但在英格兰队，这些球员彼此并没有那么亲密无间。

所以，当里维在训练中试图加入一些新内容时，遭到了一些英格兰队球员的不满和轻视。

除此之外，随着时间的推移，里维和英足总主席汤普森的关系同样很差，传言汤普森依然想要干涉英格兰队的具体工作，在遭到里维的拒绝之后，汤普森再次开始想方设法地破坏英格兰队主帅的权威。

1977年，双方的关系彻底决裂。

英格兰队

这一年夏天，英格兰队原本的任务是参加一项在南美洲举行的锦标赛，里维也组建好了队伍，但在临行前，里维突然变卦，表示其要去考察1978年世界杯预选赛上的对手，所以不陪同球队前往南美，然而里维并未去考察对手，而是前往迪拜与阿拉伯联合酋长国队（简称"阿联酋队"）进行合同谈判。

1977年7月12日，里维在《每日邮报》发表声明，其辞去英格兰队的教练职务，转而担任阿联酋队主教练。大为光火的英足总以破坏足球运动声誉为由，对里维处以了禁赛十年的处罚。

◆ 这时代一片混乱

里维离开时，英格兰队在1978年世界杯预选赛的比赛只剩两场。

前四场比赛，英格兰队在主、客场两个回合战胜芬兰队，在主场战胜了卢森堡队，但在客场以0∶2的比分不敌意大利队，出线形势仍不明朗。

在这种情况下，英格兰队紧急选帅。在德比郡队和诺丁汉森林队都取得巨大成功的布莱恩·克拉夫主动请缨，却遭到了英足总的拒绝，最终英格兰队被临时交到了罗恩·格林伍德的手中。

第四章 来自冠军的诅咒

这种动荡之下，英格兰队的表现还不错，英格兰队先是在客场以2∶0的比分小胜卢森堡队，随后在主场凭借凯文·基冈和特雷弗·布鲁金的进球，以2∶0的比分击败了意大利队。

最终，英格兰队和意大利队都取得了5胜1平、积十分的成绩，但意大利队的净胜球比英格兰队多出3个，这使得英格兰队再次无缘世界杯正赛阶段。

虽然没有进军世界杯，但格林伍德的执教表现得到了认可，于是在1977年12月，格林伍德成为英格兰队的正式主教练。

在格林伍德的率领下，英格兰队终于恢复了常态，球队主帅和英足总之间的关系也有所缓和，在这样的氛围下，球队的表现开始有所好转。

1980年欧洲杯预选赛，英格兰队的对手为北爱尔兰队、爱尔兰队、保加利亚队和丹麦队，总计8场比赛，英格兰队只在客场对阵爱尔兰队时以1∶1的比分战平，其余比赛收获全胜，从而以小组第一名的身份晋级1980年欧洲杯正赛。

这也让英格兰队结束了自1970年世界杯以来，长达10年未能参加国际赛事的尴尬局面，但这是建立在欧洲杯正赛的规模扩大到了8支球队的基础上。

欧洲杯开幕之后，英格兰队和比利时队、意大利队、西班牙队

英格兰队

被分在一组。

第一场比赛，英格兰队就和比利时队战成1∶1的平局，随后对阵意大利队，英格兰队在比赛进行到第79分钟时被意大利队球员马尔科·塔尔德利打进一球，从而输掉了比赛。

1平1负的结果，让英格兰队必须战胜西班牙队才有争夺小组出线名额的可能性，所以球员使出了九牛二虎之力，才以2∶1的比分战胜了西班牙队。

然而在另一场比赛，意大利队和比利时队握手言和，两队各取一分，都以一分的优势力压英格兰队，携手出线。

虽然成绩还是一般，但重回大赛终归是个进步，所以英格兰队也开始慢慢恢复自信。

在这段时间里，布莱恩·罗布森、肯尼·桑塞姆、特里·布彻和格伦·霍德尔已经成为羽翼丰满的成熟球员，这些球员接过了上一代球员留下的衣钵，成为英格兰队的中流砥柱，但在1982年世界杯预选赛，英格兰队的表现依然飘忽不定。

预选赛阶段，英格兰队和匈牙利队、罗马尼亚队、瑞士队、挪威队被分在一组。首场比赛以4∶0的比分战胜挪威队是个不错的开始，但在这之后，对阵罗马尼亚队时，英格兰队先是在客场以1∶2的比分输球，随后在主场以0∶0的比分战平。这期间与瑞士队的

第四章　来自冠军的诅咒

比赛，也是有胜有负，一系列的结果让英格兰队的出线压力陡然增加，尤其是主教练格林伍德的压力。

客场对阵匈牙利队，英格兰队在这场关键之战以3∶1的比分击败对手，全队终于松了一口气，但在回程的航班上，格林伍德冒出了辞职的想法。

经过球员苦口婆心地劝导，格林伍德收回了辞职的决定，但之后的赛程并不是一帆风顺。

此后的英格兰队在客场以1∶2的比分输给了挪威队，出线形势再次变得复杂起来。最后一场比赛，英格兰队必须在主场战胜匈牙利队，才能以小组第二的身份晋级世界杯正赛。

保罗·马里纳的进球，让英格兰队有惊无险地赢得了比赛。

重回世界杯正赛，英格兰队上下都很开心，在接下来的比赛中，英格兰队的表现差强人意。

这届世界杯的赛制非常奇怪，有两轮小组赛，第一轮四支球队为一组，第二轮三支球队为一组。

第一轮小组赛，英格兰队和法国队、捷克斯洛伐克队、科威特队同为一组。

三场比赛，英格兰队取得了三连胜，尤其是小组赛第一场以3∶1的比分战胜法国队，让英格兰队颇为振奋。

103

英格兰队

以小组第一的身份晋级之后，英格兰队在第二轮小组赛和老对手联邦德国队、东道主西班牙队被分在一组，这注定是两场极为艰难的比赛。

第一场对阵联邦德国队，英格兰队表现顽强，成功以0∶0的比分逼平了对手，但在联邦德国队以2∶1的比分击败了西班牙队之后，英格兰队若想晋级四强，就需要用更大的比分来战胜西班牙队，很可惜的是英格兰队没有做到，还是只获得了一场0∶0的平局。

所以，联邦德国队晋级，英格兰队回国。

对于英格兰队来说，这是一届不算失败的世界杯，但在1982年世界杯后，格林伍德选择了离开。

他不仅是辞去了英格兰队主帅的职务，而且是彻底离开了足球界。

由此就可以看出，在现代足球发源地做教练，尤其是主教练，肩上背负的压力有多么沉重。

这里有无数球迷对球队的期待，也有无数媒体对个人的挖苦。外界不会理解英格兰队的成绩取决于一代球员的真实能力，只是轻而易举地得出结论：英格兰队就理所应当取得好成绩。

100年前就形成的思维惯式，不会那么轻易改变，哪怕在经历了无缘大赛的20世纪70年代，英格兰足坛依然自信。

其实是博比·罗布森，才让这种自信变得有理有据。

第五章

来自名帅的努力

事到如今，人们才发现博比·罗布森可能是优秀程度上仅次于拉姆齐的英格兰队主教练。

——引语

英格兰队

◆ 逆境中艰难前行

1982年7月7日，英格兰队被淘汰出1982年世界杯的两天后，博比·罗布森接替罗恩·格林伍德，成为英格兰队主教练。

博比·罗布森在英格兰队的开局并不顺利，不是因为博比·罗布森的第一场比赛就没能获胜，而是他在这场比赛没有征召队长凯文·基冈，也没有提前告知凯文·基冈，凯文·基冈通过媒体得知这一消息，于是他极为愤怒，自此退出了英格兰队。

而这场英格兰队客场以2∶2的比分战平丹麦队的比赛，是1984年欧洲杯预选赛的第一场比赛，英格兰队的其他对手还有希腊队、匈牙利队和卢森堡队。

这场平局过后，英格兰队还在主场以0∶0的比分战平了希腊队，此后又在主场以0∶1的比分不敌丹麦队，这直接导致了英格兰队提前告别了这届欧洲杯。

英格兰队在8场比赛后拿到了十二个积分，而丹麦队拿到了十三个。

所以，这是一个糟糕透顶的开局，糟糕到欧洲杯预选赛结束之后，博比·罗布森就提出了辞职，而且向英足总推荐了布莱恩·克拉夫。

第五章　来自名帅的努力

罗布森的辞职被英足总主席伯特·米利奇普拒绝，这背后也有英足总始终不想和直言不讳的克拉夫共事的原因，罗布森只好继续带队，早早开始准备1986年世界杯。

当时，英格兰队正处于新老迭代期，经验丰富的球员即将结束英格兰队生涯，包括前锋加里·莱因克尔、边锋特雷弗·史蒂文和中场克里斯·瓦德尔在内的又一批令人印象深刻的年轻球员还在慢慢成长。

博比·罗布森最擅长的事情，恰恰就是帮助球员变得更好。

所以随着时间的推移，博比·罗布森和球员的合作愈发愉快，英格兰队也开始变得竞争力十足，不过在1986年世界杯的预选赛阶段，英格兰队的晋级之路仍然险象环生。

预选赛阶段，英格兰队和北爱尔兰队、罗马尼亚队、芬兰队、土耳其队被分在一组。8场比赛，英格兰队全程不败，但4胜4平的战绩说明球队仍有问题，不过在这个小组，这个成绩已经足以让英格兰队取得小组第一的名次了。

1986年世界杯，比赛规模扩大到了24支球队，在通过小组赛决出十六强的情况下，小组赛的难度大大降低。

这个赛制，让英格兰队第一场比赛便以0∶1的比分不敌葡萄牙队的后果变得没那么糟糕。就像1970年一样，这届世界杯又在墨西哥举办，所以英格兰队球员对当地的潮湿闷热天气并不适应，第二场比赛，英格

英格兰队

兰队也没能战胜摩洛哥队，两队互交白卷。到了第三场比赛，英格兰队终于凭借莱因克尔上演的帽子戏法，以3∶0的比分击败了波兰队。

3场比赛1胜1平1负，英格兰队获得了小组第二的名次，晋级到了十六强。

小组赛阶段还有容错空间，到了一场定胜负的淘汰赛，英格兰队就不能再犯错了。

1/8决赛，英格兰队的对手是巴拉圭队，莱因克尔延续了小组赛末战的火热状态，在这场比赛梅开二度，另一个进球的球员是彼得·比尔兹利，英格兰队借此3∶0完胜巴拉圭队。

英格兰队在淘汰赛的第二个对手是阿根廷队。面对正处于巅峰期的迭戈·马拉多纳，英格兰队只能尝试着用上整个团队的力量来阻止马拉多纳，但这并没有奏效。

这场比赛的马拉多纳表现神勇，在比赛进行到第51分钟时，抢在英格兰队门将彼得·希尔顿扑救之前，用手打进一球，英格兰队立刻向裁判抗议，但落在后面的裁判没有看清，最终主裁判判罚进球有效。4分钟后，马拉多纳带球向前，一路上过掉了五名上前防守的英格兰队球员，完成了一次精彩绝伦的进球。

当时的电视转播已经发现了马拉多纳在第一球当中的疑点，于是在赛后马拉多纳被问到究竟是用身体的哪个部位把球打进的，马

第五章　来自名帅的努力

拉多纳回答道："一部分是马拉多纳的头，另一部分是上帝的手。"

这一球从此被称为"上帝之手"，但博比·罗布森对此一直不以为然，他在之后的回应中表示："这不是'上帝之手'，而是一只流氓的手。上帝与这无关……那一天，马拉多纳（的光环）在我眼中永远消失了。"

这一球尽管引发了诸多争议，但无法掩盖马拉多纳在第二球当中惊为天人的表现，而且也无法更改英格兰队因此输球的结局。

比赛进行到第81分钟时，莱因克尔打进一球，帮助英格兰队挽回了些许颜面，但比赛的结果也定格在了1∶2上。

虽然英格兰队以如此方式被淘汰出局，但博比·罗布森没有受到太多的批评，因为外界都将焦点放在了马拉多纳的身上。在国内，博比·罗布森和英格兰队反倒收到了不少同情，大家开始期待博比·罗布森带领英格兰队打出更好的表现和成绩了。

所以在这种气氛下，英格兰队在1988年欧洲杯预选赛上表现得很有统治力，6场比赛取得了5胜1平的战绩，十分轻松地从对手为南斯拉夫队、北爱尔兰队和土耳其队的这个小组中晋级。

但英格兰队却没能将这种好状态带到正赛。

1988年欧洲杯，英格兰队在小组赛遭遇到了苏联队、荷兰队和爱尔兰队。

英格兰队

第一场比赛，英格兰队在开局阶段就遭遇打击，爱尔兰队球员雷·霍顿在比赛进行到第6分钟就收获进球，然而在剩下的84分钟里，英格兰队毫无建树，就这样以0∶1的比分输掉了比赛。

第二场比赛，英格兰队终于收获了进球，但在比赛中被荷兰队打进了三球，以1∶3的比分输掉了这场比赛。

两战皆负，英格兰队被逼到了悬崖边缘。小组赛最后一场对阵苏联队，比赛开场仅3分钟，英格兰队就被对手攻入一球，随后托尼·亚当斯扳平比分，但在之后的比赛里，苏联队再进两球，英格兰队再次以1∶3的比分输掉了比赛。

三场比赛三场输球，英格兰队就这样结束了自己的1988年欧洲杯。

如此糟糕的表现，引来很多英格兰媒体的痛批，也让博比·罗布森再次递上辞呈，而和上次一样，英足总再次拒绝了博比·罗布森的辞职决定。

实际上这次失败情有可原。

开赛前几个月，英格兰队的主力后卫特里·布彻不幸骨折，因伤错过了这次欧洲杯，这使得博比·罗布森被迫依靠托尼·亚当斯和马克·赖特这对缺乏经验的防守搭档，英格兰队的糟糕防守便由此而来。

但这也说明了当时的英格兰队没有足够的板凳实力，一旦主力缺席，替补球员总是会影响球队的表现。

第五章　来自名帅的努力

◆ 无奈的告别演出

想辞职却没能成功，博比·罗布森的处境和前任格林伍德变得没有区别。

外界的批评引发了球队内部氛围的恶化，于是在1990年世界杯预选赛，英格兰队举步维艰。英格兰队在预选赛的对手是瑞典队、波兰队和阿尔巴尼亚队，第一场比赛对阵瑞典队，英格兰队还是没能用胜利开局，博比·罗布森的压力也未能减轻。

此后在主、客场连续战胜阿尔巴尼亚队，以及在主场战胜波兰队，让球队的处境稍稍变好，但球队的胜利也到此为止了。

剩下的两场比赛，英格兰队都以0∶0的比分战平瑞典队和波兰队，最后以3胜3平的战绩排名小组第二，晋级世界杯正赛阶段。

世界杯开幕前，博比·罗布森就表示其不会和英足总续约，所以这将是博比·罗布森在英格兰队的告别演出。

1990年世界杯，英格兰队和爱尔兰队、荷兰队、埃及队被分在同一个小组，因为四支成绩最好的小组第三名的球队依然可以晋级十六强，所以小组赛难度依然不大。

英格兰队

英格兰队还是以平局开始，相继以0∶0的比分战平了爱尔兰队和荷兰队，只在最后一场比赛才以1∶0的比分战胜埃及队，成为小组第一，晋级淘汰赛。

1/8决赛，英格兰队碰到了比利时队。比赛打得相当胶着，常规时间内两队都未能进球，所以被迫进入加时赛。直至比赛进行到第119分钟时，大卫·普拉特才帮助英格兰队取得进球，艰难地战胜了比利时队。

进入1/4决赛，英格兰队的对手是喀麦隆队。面对非洲球员的冲击，英格兰队稍显不适应，但在比赛进行到第25分钟，还是凭借普拉特的进球取得领先优势，然而在下半场，喀麦隆队在5分钟内就完成了比分的逆转，英格兰队被迫提起精神，比赛进行到第83分钟时，莱因克尔罚进点球，帮助英格兰队扳平比分，也将比赛拖入了加时赛。

加时赛中，英格兰队是唯一的进球一方，莱因克尔再次主罚点球得手，英格兰队从而以3∶2的比分晋级半决赛。

这是英格兰队自1966年以来在世界杯赛场上的最好战绩，但讽刺的是，它发生在博比·罗布森饱受批评的时期，而这段时期也是博比·罗布森时代的尾声。

可惜的是，英格兰队没能将这种讽刺持续下去。

半决赛，英格兰队遇到了老对手——联邦德国队。这场比赛就像两支球队历史上的交锋一样激烈，双方在中场区域进行了激烈的

第五章　来自名帅的努力

较量，直至比赛进行到第60分钟，联邦德国队才打进一球，而在常规时间仅剩10分钟的时候，莱因克尔扳平比分。

比赛再次进入加时赛，两支球队这次没能分出胜负，最终只能依靠点球大战这种残酷的方式。联邦德国队展现了稳定性，四罚全中，而英格兰队两人罚丢，没能进入决赛。

赛后，沮丧的莱因克尔说出了那句名言：

"足球是一种简单的游戏，22个人追一个球，跑上90分钟，然后德国人获胜。"

而在这种沮丧的心态下，英格兰队在季军赛中发挥一般，英格兰队门将彼得·希尔顿在退役前的最后一场比赛中出现失误，让意大利队球员罗伯托·巴乔收获进球。10分钟后大卫·普拉特的头球扳平比分，但5分钟后斯基拉奇罚进了自己制造的点球，意大利队以2：1的比分获胜，英格兰队则获得了第四名。

世界杯结束后，博比·罗布森离开了英格兰队，去荷兰继续自己的执教生涯。

事到如今，人们才发现博比·罗布森可能是优秀程度上仅次于拉姆齐的英格兰队主教练。因为博比·罗布森在英格兰、荷兰、葡萄牙、西班牙都收获了成功，这对于大部分只喜欢在英国执教的英国教练来说，是非常难得的丰富履历。

英格兰队

然而，在担任英格兰队主帅时，博比·罗布森受尽了英国媒体的嘲笑。这可能是世界上最难的一份球队主教练的工作，因为任凭是谁都无法取悦大部分英格兰队球迷，冠军主教练拉姆齐是如此，博比·罗布森也是一样。

英格兰足坛需要经历痛苦，才能了解到自己错误地对待了多少人，而这份痛苦，说到就到。

第六章

苦寻复兴的希望

> 基冈的继任者将不会受困于英格兰队的人才不足,反而会因为优秀球员过多而陷入幸福的烦恼当中。
>
> ——引语

英格兰队

◆ 一地鸡毛的现状

博比·罗布森辞职之后,格拉汉姆·泰勒成为新任英格兰队主帅。

和其他人遭遇失败后才受到批评不同的是,泰勒一上任就被媒体因"泰勒没有拿过冠军""球员时期没踢过顶级比赛"而不被看好,除此之外,泰勒在俱乐部执教时的战术也被认为过于粗糙。

所以刚刚上任,泰勒就感受到了这一位置的不容易,但泰勒无暇关注这些细节,因为1992年欧洲杯预选赛即将开始。

英格兰队在预选赛上的对手是爱尔兰队、波兰队和土耳其队,第一场比赛以2∶0的比分战胜波兰队让批评声音稍有转小,但接下来对阵爱尔兰队的两连平立刻成了媒体嘲讽的话题。

此后的三场比赛,英格兰队获得了2胜1平的战绩,所以整届预选赛,英格兰队以3胜3平的不败战绩晋级欧洲杯正赛。

这一结果还算不错,但到了欧洲杯开幕之后,一切都开始变得糟糕。

小组赛阶段,英格兰队和东道主瑞典队、丹麦队、法国队被分在一组。第一场比赛,英格兰队就没有进球,以0∶0的比分战平丹

第六章 苦寻复兴的希望

麦队,接下来对阵法国队的第二场比赛,又是一场没有进球的沉闷比赛。到了最关键的第三场比赛,普拉特在比赛进行到第4分钟的进球让英格兰队球迷终于兴奋起来,但英格兰队最终以1∶2的比分输给了瑞典队,这是一个比没有进球的0∶0的比分更糟糕的结果。

英格兰队2平1负,只进了1个球,排名小组倒数第一,就此结束了欧洲杯的征程。

除了战绩引发的批评之外,泰勒对待莱因克尔的方式也被媒体"炮轰"。

对阵瑞典队的这场比赛,是莱因克尔在英格兰队的最后一场比赛,而莱因克尔只需要一个进球就可以追平博比·查尔顿在英格兰队的进球纪录,但在比赛中,泰勒将其提前换下。

1992年欧洲杯的失败和由失败引发的批评,让泰勒在几周后承认了自己的工作失误。

这种态度让泰勒和媒体的关系有所缓和,但好景注定不会太长,英格兰队在1992年欧洲杯后的第一场友谊赛,就以0∶1的比分输给了西班牙队,于是批评声卷土重来。

因此,在1994年世界杯预选赛期间,泰勒只能顶着批评工作,英格兰队所在的小组有挪威队、荷兰队、波兰队、土耳其队和圣马力诺队这些球队,赛前外界都认为英格兰队至少能获得小组第二,

英格兰队

从而和荷兰队一起晋级。

然而第一场比赛，英格兰队就与挪威队战成1∶1的平局，此后的三场比赛，英格兰队在主、客场击败了土耳其队，以大比分战胜了圣马力诺队，但在关键的与荷兰队的比赛中，英格兰队在主场和荷兰队打成了2∶2的平局。

这个结果不算多好，但也不算糟糕。接下来的三个客场，英格兰队分别被波兰队逼成1∶1的平局，以两个0∶2的比分相继输给了挪威队和荷兰队。

这一连串的结果，让英格兰队在最后一场比赛以7∶0的比分大胜圣马力诺队也没有了任何意义，最终英格兰队排名小组第三，无缘1994年世界杯。

1993年11月23日，也就是英格兰队在预选赛结束的六天后，泰勒宣布辞职。而在1994年1月24日，一部名为《格拉汉姆·泰勒：不可能的工作》的纪录片在英国上映。片中记录了泰勒在1994年世界杯预选赛的工作状态，泰勒在压力之下的表现被如实记录，这进一步证明了泰勒的能力不算强，但泰勒同意拍摄时的初衷也得到了展示，英格兰队主帅这一工作的沉重压力被展现在了观众的面前。

就在这部纪录片上映的四天后，英足总任命了全新的英格兰队主帅：特里·维纳布尔斯。

第六章　苦寻复兴的希望

相较于前任们，维纳布尔斯担负着更为沉重的任务，因为在1996年欧洲杯，英格兰队将会成为东道主球队。

因为无须参加预选赛，英格兰队遍寻对手来提升自己的状态。从1994年开始到1996年欧洲杯开始之前，英格兰队一共打了19场友谊赛，取得了9胜8平2负的战绩。

这一战绩算不上多么出色，但英足总选择维纳布尔斯就是看中了其具有感召力，希望维纳布尔斯可以提振当时处于低谷的英格兰队。

而维纳布尔斯能否真正展现这一效果，到了欧洲杯才能一见真章。

◆ 黑暗中一道曙光

1996年欧洲杯开幕之后，英格兰队和荷兰队、苏格兰队、瑞士队被分在一组。

揭幕战上，英格兰队延续自己国际大赛第一战的平庸表现，与瑞士队打成1∶1的平局。不过在第二场比赛，英格兰队在苏格兰队身上取得了胜利，阿兰·希勒和保罗·加斯科因的进球帮助英格兰队以2∶0的比分拿下了比赛。

第三场比赛，英格兰队终于点燃了球迷的激情在温布利球场以

英格兰队

4∶1的比分大胜荷兰队，阿兰·希勒和泰迪·谢林汉姆各进两球，让英格兰球迷感受到了许久未有的喜悦。

这场胜利，也让英格兰队在小组赛阶段取得了2胜1平的战绩，从而以小组第一的成绩顺利出线。

1/4决赛，英格兰队迎来了西班牙队的挑战，两支球队鏖战120分钟却没有收获，只好以0∶0的比分进入点球大战。

点球大战第一轮，西班牙队球员就罚丢了，这让英格兰队士气大振，而到了第四轮，西班牙队球员米格尔·纳达尔再次罚丢，加斯科因顺利罚中，英格兰队从而在点球大战以4∶2的比分战胜对手，晋级半决赛。

进入四强，这一成绩已经创造了英格兰队在欧洲杯历史上的最佳战绩，英格兰队球迷都以为球队将在1966年的30年后再夺一项大赛冠军，然而在半决赛，英格兰队遭遇了熟悉得不能再熟悉的老对手——德国队。

这场比赛的进球来得非常早，开场仅仅3分钟，阿兰·希勒就打进一球，让英格兰队球迷无比兴奋，但先进球也没能阻止德国队的反扑，仅仅过了13分钟，德国队就凭借斯特凡·昆茨的进球扳平比分。

此后的比赛，两支球队都没有进球，一直到加时赛结束，1∶1的比分都未改变，比赛又进入残酷的点球大战。

第六章　苦寻复兴的希望

前五轮，两支球队的10名球员全部罚中，于是进入了谁先罚丢谁就输球的"突然死亡"阶段，英格兰队的中场球员加雷斯·索斯盖特成为这个"倒霉蛋"，德国队第六个主罚球员安德烈亚斯·默勒没有错过这个机会，英格兰队被德国队淘汰出局。

◆ 将帅失和的结局

尽管这是一届英格兰队难得的表现出色的大赛，但维纳布尔斯和英足总都没有继续合作的想法，双方对彼此都有顾虑，所以在本土举办的欧洲杯结束之后，英格兰队又开始了换帅。

这次的继任者是英格兰队前球员格伦·霍德尔。

球员时期的霍德尔很有魅力，被认为是霍德尔那一代非常有天赋和创造力的英格兰球员之一，这让霍德尔在担任教练之后，在球员当中有很多拥趸，尤其是年轻球员。

在刚开始的时候，这一点对英格兰队很有帮助。

1998年世界杯预选赛，英格兰队和意大利队、波兰队、格鲁吉亚队、摩尔多瓦队被分在一组。总计8场比赛，英格兰队取得了6胜1平1负的不错战绩，唯一的输球是在主场以0∶1的比分不敌意大利

英格兰队

队，而唯一的平局也是在对阵意大利队的时候。

然而在世界杯开幕之后，霍德尔在管理方面出现了问题。

选拔球员时，霍德尔将球迷最喜欢的加斯科因和马特·勒蒂西尔排除在世界杯大名单之外，这两名球员的英格兰队生涯也就此结束。

除此之外，霍德尔还在小组赛阶段刻意限制了当时声名鹊起的年轻球员大卫·贝克汉姆的出场时间。

小组赛第一场，英格兰队以2：0的比分战胜了突尼斯队，终于在大赛的首场比赛给了自己一个"开门红"，但在第二场比赛，英格兰队却以1：2的比分输给了罗马尼亚队。

当时，英格兰媒体就纷纷表示霍德尔不应该把贝克汉姆放在替补席上。若在平时，霍德尔恐怕不会理会这些声音，但在英格兰队小组出线形势并不明朗、需要战胜哥伦比亚队确保晋级的情况下，霍德尔在第三场比赛将贝克汉姆放在了首发名单里。

只用了30分钟，英格兰队就取得了2：0的领先优势，而打进第二球的正是贝克汉姆。

如果球队按照媒体提供的方法赢得了比赛，那么主教练的权威就会受到影响，这一点是毫无疑问的。1/8决赛，英格兰队遭遇了阿根廷队，贝克汉姆继续首发，而且表现依然出色。虽然阿根廷队在比赛进行到第5分钟就依靠加夫列尔·巴蒂斯图塔的进球取得领先优

第六章 苦寻复兴的希望

势，但4分钟后，阿兰·希勒就扳平了比分，而在比赛进行到第16分钟时，贝克汉姆助攻年轻的前锋球员迈克尔·詹姆斯·欧文，为英格兰队打进了反超比分的一球。

然而在上半场临近结束时，阿根廷队在任意球战术中打进精妙的一球，哈维尔·萨内蒂将比分再次扳平。

这注定是一场极为胶着的比赛，谁在比赛中犯下更多的错误，谁就会输掉比赛。

下半场，贝克汉姆在被迭戈·西蒙尼踢倒之后，报复性地踢了自比赛开始就一直在纠缠他的西蒙尼的小腿，这个动作的力度并不足以让西蒙尼倒地，但性质很严重，而且刚好发生在裁判眼前，于是裁判向贝克汉姆出示红牌，直接将其罚出场外。

少打一人，英格兰队立刻陷入了困局，下半场的比赛英格兰队也没有了还击的能力，但通过防守一直坚持到了加时赛的结束，双方进入点球大战。

最终在点球大战中，阿根廷队罚中4球，而英格兰队只罚中3球，因此被淘汰出局。

输掉比赛之后，霍德尔将责任归咎到了不够冷静却深受媒体追捧的贝克汉姆身上，霍德尔表示如果不是少打一人，英格兰队本可以赢得这场比赛。

英格兰队

在主教练的推波助澜下，贝克汉姆成为失败的替罪羊。

在将输球的责任转嫁出去之后，霍德尔的日子并没有因此变得好过，因为除了贝克汉姆之外，霍德尔和包括阿兰·希勒在内的几名核心球员的关系也不融洽，这导致了英格兰队在2000年欧洲杯上的开局相当糟糕。

在这个由英格兰队、瑞典队、波兰队、保加利亚队和卢森堡队组成的小组里，英格兰队的实力最为突出，但在前两场比赛，英格兰队以1∶2的比分输给了瑞典队，还在主场被保加利亚队逼成0∶0的平局。

这样的战绩让外界开始担心英格兰队将会错过2000年欧洲杯，于是在1999年2月2日，在霍德尔接受采访时说出"残疾人是一群正在为前世的罪孽付出代价的人"这种错误发言的两天后，英足总顺势将其解雇。

预选赛还在进行，英足总紧急选帅，快速敲定了继任者——同样是英格兰队前球员的凯文·基冈。

球员出身的基冈很快就使球队内部的气氛恢复正常，从而带领球队以3∶1的比分击败了波兰队，取得自己在英格兰队主帅位置的开门红，也重新点燃了英格兰队进入2000年欧洲杯的希望。

不过在之后的比赛里，英格兰队相继战平瑞典队和保加利亚

第六章 苦寻复兴的希望

队,小组排名重新下降,最后一场对阵波兰队,英格兰队还是没能取胜,只收获了一场0∶0的平局。

万幸的是,波兰队在最后一场比赛以0∶2的比分输给了瑞典队,从而以净胜球的劣势排在了英格兰队之后,英格兰队则以小组第二名的身份获得了参加附加赛的资格。

附加赛对阵苏格兰队,英格兰队稍有一些信心。首回合比赛,凭借保罗·斯科尔斯的梅开二度,英格兰队以2∶0的比分取得胜利,这使得次回合以0∶1的比分落败的英格兰队依然在总比分上保持领先优势,惊险地晋级了2000年欧洲杯。

虽然获得了参赛资格,但基冈粗糙的战术还是受到了外界的诟病,这一缺点也在2000年欧洲杯的正赛阶段有所体现。

2000年欧洲杯,英格兰队与葡萄牙队、罗马尼亚队和德国队被分在一组。英格兰队在第一场比赛的开局相当不错,比赛开始18分钟就取得了两球的领先优势,但最后却以2∶3的比分输给了葡萄牙队。

第二场比赛面对老对手德国队,这一次英格兰队终于成为赢家,凭借阿兰·希勒的进球,英格兰队战胜了德国队,但这场比赛的结果并不能说明英格兰队的表现有多么出色,因为2000年欧洲杯的德国队比英格兰队更为混乱。

这一点在最后一轮便有所体现,德国队以0∶3的比分完败于替

英格兰队

补球员上阵的葡萄牙队，英格兰队则再次在进球大战里败下阵来，以2：3的比分不敌罗马尼亚队，于是英格兰队和德国队分列小组第三、四名，一同打道回府。

2000年10月7日，基冈辞去了英格兰队主帅的职务。

那一天，英格兰队在温布利球场以0：1的比分输给德国队，迎来了2002年世界杯预选赛的"开门黑"，基冈表示自己的能力不符合这份工作的要求，于是在温布利球场的卫生间内向时任英足总首席执行官亚当·克罗齐尔提出了辞职，克罗齐尔无奈接受，但也立刻开始了寻找新主帅的工作。

从某种角度来说，基冈的辞职是合理的，其后来的履历也证明基冈不是一位多么优秀的主教练，但自博比·罗布森之后，无数教练已经证明了，英格兰队主帅绝非能力出色就能够胜任。

不过，在短暂的英格兰队执教生涯中，基冈做出了一个影响后世的决定：他将阿兰·希勒留下的英格兰队队长袖标，交给了贝克汉姆。

世纪之交期间，英格兰队并不缺乏优秀球员，贝克汉姆、斯科尔斯、里奥·费迪南德，包括后来的弗兰克·兰帕德、史蒂文·杰拉德，以及第一代"英格兰神童"韦恩·鲁尼。

基冈的继任者将不会受困于英格兰队的人才不足，反而会因为优秀球员过多而陷入幸福的烦恼当中。

第七章
"黄金一代"的时刻

21世纪开始的16年,是英格兰队陷入混乱的16年。

——引语

英格兰队

◆ 一次历史的转变

基冈的继任者——斯文-约兰·埃里克森，有着与前任们完全不同的压力：

埃里克森是英格兰队历史上的第一位非英国籍教练。

这一决定，立刻在当时的英格兰足坛引发了巨大的争议。但埃里克森在2001年1月接手英格兰队之后，他用5连胜的战绩为自己赢得尊严，尤其是在客场以5：1的比分大胜德国队，让英格兰媒体成为其拥趸。

最后一场面对希腊队，英格兰队只要不输球就能以小组第一的身份直接晋级，但1：2的比分一直保持到了伤停补时阶段，就在这千钧一发的时刻，贝克汉姆展现了其任意球绝技，打进了关键的扳平球，帮助英格兰队力压德国队，直接晋级2002年世界杯正赛。

这是英格兰队球迷许久未见的英格兰队的出色表现，同时也让英格兰队球迷对于即将到来的2002年世界杯颇为期待，然而到了正赛，英格兰队回到了昔日的状态。

小组赛第一场，英格兰队还是老样子，以1：1的比分战平瑞典

第七章 "黄金一代"的时刻

队,第二场面对阿根廷队,贝克汉姆面对摆在面前的点球良机,一蹴而就,帮助英格兰队击败了对手的同时,也让自己在过去四年的压力一笔勾销,完成了对自己的救赎。最后一场面对尼日利亚队,英格兰队还是在进球阶段颇为困难,又以一个0∶0的比分结束了比赛。

三场比赛1胜2平,埃里克森的英格兰队以小组第二的身份晋级淘汰赛。

1/8决赛,英格兰队的对手是丹麦队。

这场比赛英格兰队打得不错,在上半场就由费迪南德、欧文和埃米尔·赫斯基打进三球,顺利击败了对手,然而在1/4决赛,英格兰队遭遇到了1998年世界杯亚军——巴西队。

面对罗纳尔多、里瓦尔多和罗纳尔迪尼奥领衔的巴西队,英格兰队在场面上处于下风,尽管在比赛进行到第23分钟时,欧文先进一球,但在上半场结束前,巴西队就扳平了比分。下半场比赛,罗纳尔迪尼奥打进了一个线路极其诡异的任意球,让英格兰队门将大卫·希曼尴尬不已。虽然在比赛末段,罗纳尔迪尼奥被红牌罚下,英格兰队获得了人数上的优势,但英格兰队也没能扳平比分,最后结束了这次世界杯征程。

虽然成绩一般,但八强已经是英格兰队自1986年世界杯以来的最好战绩。

英格兰队

考虑到埃里克森带队不久，而且在当时英格兰队人才辈出，英格兰队球迷仍然对英格兰队的前景非常看好，英格兰队球迷相信这是一支能够书写全新历史的英格兰队。

2004年欧洲杯预选赛就是一个例证。

这一届预选赛，英格兰队和土耳其队、斯洛伐克队、马其顿队、列支敦士登队被分在一组。虽然在第二场比赛以2∶2的比分战平马其顿队让球迷大跌眼镜，但整个预选赛期间，英格兰队还是牢牢占据主动地位。

8场比赛，英格兰队获得了6胜2平的不败战绩，从而以小组第一的身份晋级欧洲杯正赛，而且在这届欧洲杯时，贝克汉姆、欧文正值职业生涯最好的年龄，杰拉德、兰帕德已经堪当大任，而鲁尼等年轻球员的异军突起，更是让英格兰队星光熠熠。

然而进入正赛后，英格兰队依然让人心生失望。

小组赛阶段，英格兰队和法国队、克罗地亚队、瑞士队被分在一组。第一场比赛面对强大的法国队，兰帕德在第38分钟的进球让英格兰队率先取得领先优势，随着比赛时间一分一秒地流逝，英格兰队似乎即将取得胜利，然而在伤停补时阶段，齐达内连进两球，让英格兰队的胜利变成了失败。

第二场比赛对阵瑞士队，打进三球的英格兰队终于取胜，而更

第七章 "黄金一代"的时刻

让英格兰队球迷感到兴奋的是，鲁尼在这场比赛梅开二度，展现了自己极为强大的个人能力。

第三场比赛，英格兰队和克罗地亚队打成了进球大战，鲁尼再次梅开二度，斯科尔斯和兰帕德也各进一球，英格兰队从而以4∶2的大比分战胜了克罗地亚队。

小组赛阶段，英格兰队在三场比赛中都有进球，但防守上的缺陷也相当明显。

这届欧洲杯之前，后卫球员费迪南德因为缺席药检，被英足总处以禁赛8个月和罚款5万英镑的处罚，这导致其错过了欧洲杯，费迪南德的缺席也使得英格兰队在防守端总是漏洞百出。

1/4决赛也是一样，对阵东道主葡萄牙队，欧文在比赛进行到第3分钟就帮助英格兰队取得领先优势，但就在比赛结束的7分钟前，埃尔德·波斯蒂加收获进球，葡萄牙队从而将英格兰队拖入加时赛。在这额外的30分钟比赛里，英格兰队率先丢球，鲁伊·科斯塔再度抓住了英格兰队的防守漏洞，而兰帕德在第115分钟的进球才帮英格兰队争取到了点球大战的机会。

点球大战当中，作为队长的贝克汉姆第一个出场就不幸罚丢，幸亏鲁伊·科斯塔同样没有命中，点球大战才继续进行。第七轮，葡萄牙队门将里卡多·亚历山大·马丁斯·苏亚雷斯·佩雷拉在脱

英格兰队

下手套后扑掉了达里乌斯·瓦塞尔的点球，随后自己站上点球点，帮助葡萄牙队罚中了制胜一球。

英格兰队就此结束了2004年欧洲杯的征程。

◆ 小贝告别与回归

英格兰队在2002年世界杯中打出好成绩，外界还能给予埃里克森一些理解，但队伍在2004年欧洲杯表现一般，这让埃里克森的压力变得沉重起来。

因为，埃里克森所率领的英格兰队的球员都是国内联赛各个豪门俱乐部的当家球星。

虽然事实的确如此，但埃里克森在英格兰队有着很大的烦恼。在"442"阵形中，埃里克森找不到能够让兰帕德和杰拉德这两位中场大将同时出场又不影响球队防守强度的万全之策，而这在很大程度上是因为队长贝克汉姆只适合出现在右边路的位置上。

于是埃里克森徒有优秀的球员，却没有将英格兰队捏合在一起的有效办法，这种尴尬的状况随着时间的推移，变得越来越明显。

球队也在这种沮丧和尴尬当中，失去了往日的斗志。

第七章 "黄金一代"的时刻

2006年世界杯预选赛期间，英格兰队依然取得了不错的战绩。

在小组对手为波兰队、奥地利队、北爱尔兰队、威尔士队和阿塞拜疆队的情况下，英格兰队取得了8胜1平1负的战绩，以小组第一的成绩顺利出线。

然而在客场以0∶1的比分不敌北爱尔兰队后，外界痛批埃里克森，尽管这是埃里克森执教的英格兰队在大赛预选赛中的第一场输球。由此可以看出，因为在大赛的战绩平庸，埃里克森已经不再得到外界的信任。

于是在2006年1月23日，英足总宣布埃里克森将在2006年世界杯后离职，而在埃里克森时代的最后一届大赛，英格兰队依然没有突出的表现。

小组赛阶段，英格兰队先是利用巴拉圭球员卡洛斯·加马拉的乌龙球，才从巴拉圭队身上艰难取得胜利，随后对阵特立尼达和多巴哥队，英格兰队的两个进球在比赛进行到第83分钟后才姗姗来迟。

最后一场对阵瑞典队，两支球队打成了2∶2的平局，每次领先不久就会被对手扳平，英格兰队的防守能力依然有限。

进入淘汰赛之后，英格兰队的第一个对手是厄瓜多尔队。全场比赛，英格兰队机会寥寥，最终凭借贝克汉姆的一记圆月弯刀般的任意球才得以晋级。

英格兰队

而英格兰队在1/4决赛的对手，又是葡萄牙队。

和两年前相比，这一届的葡萄牙队变得更加强大。

除了菲戈之外，克里斯蒂亚诺·罗纳尔多（简称"C罗"）也成为葡萄牙队的关键人物。这场比赛中，鲁尼在对抗中踩到了葡萄牙队后卫球员里卡多·卡瓦略的腹股沟，C罗向裁判施压，从而让自己在俱乐部的队友鲁尼被罚下，尽管鲁尼后来否认这是故意的。

除此之外，贝克汉姆也因伤被换下，所以英格兰队在进攻端的实力变得极为有限，最终和葡萄牙队战成了0∶0的平局，再次需要通过点球大战来分出胜负。

虽然葡萄牙队这次点球罚得也并不稳健，两名球员罚丢，但更不稳健的是英格兰队，兰帕德、杰拉德、杰米·卡拉格全部罚丢，最后导致了英格兰队的出局。

埃里克森的时代正式结束，贝克汉姆也在比赛的第二天早上宣布辞去英格兰队队长职务。贝克汉姆在发布会上泪流满面，情绪激动地表示："担任英格兰队的队长是一种荣幸，在我的95场英格兰队比赛中，我担任了58场队长，我觉得现在是时候把队长袖标传递下去了，因为我们进入了史蒂夫·麦克拉伦领导下的新时代。"

所谓的英格兰"黄金一代"，从未达到外界的期望，而在接下来的全新时代里，没有贝克汉姆。

第七章 "黄金一代"的时刻

2006年8月,英格兰队新任主帅麦克拉伦公布了自己的第一份英格兰队名单,其中没有贝克汉姆的名字。当被记者问到原因时,麦克拉伦表示:"我告诉贝克汉姆,我正在寻求改变,希望带着球队朝不同的方向发展,但(这支新队伍)不包括他在内。"麦克拉伦在发布会上还表示,在听取了其他人的建议之后,他还是做出了这个决定,这非常艰难,因为这个决定在很大程度上是由他个人做出的。

尽管麦克拉伦想要结束贝克汉姆在英格兰队的生涯的意思已经非常明确,但贝克汉姆发表声明,表示自己不会从英格兰队退役,其选择继续为自己的位置而战,所以麦克拉伦也没有彻底关上这扇大门。

一切都取决于麦克拉伦带领英格兰队打出什么样的成绩,如果成绩出色,贝克汉姆自然只会出现在英格兰队历史上被掀过去的那一页。

不再征召贝克汉姆之后,麦克拉伦任命约翰·特里担任英格兰队队长,并且从内到外对英格兰队进行了大幅度的调整。

这种大刀阔斧的改革,在世界杯失利的背景下得到了外界的赞扬,但最终的评价,仍然需要通过比赛结果来验证。

2008年欧洲杯,英格兰队与克罗地亚队、俄罗斯队、以色列队、马其顿队、爱沙尼亚队、安道尔队被分在一组,刚开始一切都算正常,英格兰队通过主场战胜安道尔队和客场击败马其顿队开始自己的征程。

英格兰队

随后，事情开始发生变化。

第三场比赛，英格兰队在主场以0：0的比分战平马其顿队，随后便在客场以0：2的比分不敌克罗地亚队，接下来又是一场不胜，被以色列队以0：0的比分逼平。

2007年3月，英格兰队虽然在客场以3：0的比分战胜安道尔队，但晋级欧洲杯的可能性已经大大减小，而与此同时，贝克汉姆则在俱乐部赛场上重新找回了自己的比赛状态，麦克拉伦耳边开始出现奉劝其征召贝克汉姆的声音，毕竟在英格兰队有可能无缘欧洲杯的情况下，麦克拉伦应该动用其手中的全部武器。

于是在2007年5月26日，麦克拉伦宣布贝克汉姆将被召回英格兰队，这是贝克汉姆卸任英格兰队队长之后第一次回到这支球队。在全新的温布利球场，在对阵巴西队的比赛中，贝克汉姆首发出场，展现了自己仍然不输年轻人的表现。比赛的下半场，贝克汉姆为特里送上助攻，英格兰队率先取得领先优势，就在英格兰队即将取得比赛的胜利之际，巴西队球员迭戈·里巴斯·达库尼亚在最后几秒扳平了比分，一场平局的结果让贝克汉姆的回归之战留下遗憾。

通过这场比赛，贝克汉姆展现了自己仍然堪当重用的上佳状态和为国效力的赤诚心态，麦克拉伦也不算食言，毕竟其并没有表示自己绝对不会再征召贝克汉姆。

第七章 "黄金一代"的时刻

将帅和的剧情在英格兰队上演，一切都显得那么美好。

于是在英格兰队对阵爱沙尼亚队的欧洲杯预选赛中，贝克汉姆为欧文和彼得·克劳奇送出两次标志性的助攻，从而帮助英格兰队以3∶0的比分取得胜利。

然而，在同一时间，俄罗斯队和克罗地亚队也在节节胜利，这意味着此前已经犯下错误的英格兰队没有一丝的犯错空间。

最后两场比赛，英格兰队至少要取得一场比赛的胜利，才能确保自己从小组中出线，然而客场对阵俄罗斯队，鲁尼的进球在俄罗斯队下半场的两球入账之后，变成了标准的无用功，英格兰队以1∶2的比分落败。

这个结果意味着英格兰队只能把所有的希望寄托在最后一场比赛，有趣的是，这场比赛也是贝克汉姆代表英格兰队出场的第99场比赛。

这场比赛在温布利球场举行，英格兰队坐拥主场优势，但克罗地亚队将温布利球场变成了自己的主场。

比赛开场14分钟后，克罗地亚队就建立了两球领先的优势，这给英格兰队制造了巨大的困难。因为英格兰队没能在上半场将差距缩小，麦克拉伦在下半场开始前就做出换人调整，贝克汉姆披挂上阵，试图像2001年对阵希腊队时一样，拯救其无比看重的英格兰队。

经过换人调整，英格兰队的表现有所起色。比赛进行到第56分

英格兰队

钟，兰帕德帮助英格兰队扳回一分，9分钟后，贝克汉姆送出标志性的传球，帮助克劳奇再进一球，从而使得英格兰队一度扳平比分。

只要打进第三球，英格兰队便可以在最后一刻获得欧洲杯的参赛资格，但在比赛进行到第77分钟时，克罗地亚队率先打进了第三球，姆拉登·佩特里奇的进球让英格兰队自1994年世界杯以来，第一次无缘参加国际大赛。

◆ 铁腕教头的到来

在如此惨痛的失败后，麦克拉伦在赛后的新闻发布会上坚定地表示自己不会辞职，但第二天，英足总就将其解雇了。

而且，英足总选择聘请英格兰队历史上第二位非英国籍的主教练，这一次英格兰队选择了意大利知名教练——法比奥·卡佩罗。

在英格兰队长时间的准备后，2010年世界杯预选赛开始了，这一次英格兰队又和克罗地亚队被分在一组，同组对手还有乌克兰队、白俄罗斯队、哈萨克斯坦队和安道尔队。

英格兰队在这届预选赛上表现相当出色，不仅在10场比赛里取得了9胜1负的战绩，而且在主、客场都大胜克罗地亚队，让英格兰队的球迷得以笑逐颜开。

然而，和前任的球队相比，卡佩罗的英格兰队已经年迈。2010年，特里、兰帕德、杰拉德都已经进入而立之年，英格兰队的"定海神针"就是25岁的鲁尼。

如果不是贝克汉姆的受伤，卡佩罗的英格兰队平均年龄还会更大一点。

贝克汉姆在2007年夏天淡出五大联赛、转会至美国职业足球大联盟的洛杉矶银河队之后，依然在英格兰队占有一席之地，每当英格兰队有难，主教练都会将贝克汉姆重新征召入内。

当时贝克汉姆成为第一个效力于非欧洲俱乐部的英格兰队成员，在视其为救命稻草的麦克拉伦眼中，在美国踢球这一点不是什么大问题，但在卡佩罗的心里，他无法接受这一点。

于是在2008年2月英格兰队对阵瑞士队的大名单当中，贝克汉姆的名字不见踪影。

就在这场本可以让贝克汉姆达成为英格兰队出场100次的比赛前，卡佩罗和贝克汉姆进行了多次沟通。

卡佩罗并不否认贝克汉姆的能力。2007年1月，贝克汉姆与美国职业足球大联盟的洛杉矶银河队签约，这一点激怒了当时贝克汉姆所在的皇家马德里队（简称"皇马队"）。俱乐部高层告知时任皇

英格兰队

马队主帅卡佩罗，不允许再让贝克汉姆为球队出场比赛，但面对这一打压，贝克汉姆依然表现得兢兢业业，哪怕独自一人也坚持完成训练，贝克汉姆因此打动了队友和卡佩罗，也让俱乐部高层收回成命，最终在2006—2007赛季，贝克汉姆在皇马队赢得西班牙足球甲级联赛冠军的过程中立下了汗马功劳。

除此之外，卡佩罗也认为英格兰队内需要贝克汉姆这样一个以身作则的榜样和老将，希望贝克汉姆能够扮演教练与球员之间的桥梁角色，所以在2008年6月1日英格兰对阵特立尼达和多巴哥队的友谊赛中，卡佩罗将这场比赛的队长袖标交给了贝克汉姆。

但是，卡佩罗明确表示，贝克汉姆如果想要参加2010年世界杯，就必须为欧洲俱乐部效力。

在卡佩罗的介绍下，贝克汉姆在2009年1月租借加盟意大利足球甲级联赛的AC米兰队，为自己参加2010年世界杯铺路搭桥。

于是在2010年世界杯预选赛期间，贝克汉姆就多次入选英格兰队，并且在部分比赛内替补登场，发挥了一名老将在球队内的稳定器作用。

2009年10月14日，贝克汉姆在英格兰队最后一场世界杯预选赛中替补出场。当时看起来，贝克汉姆一定会出现在英格兰队参加2010年世界杯的大名单中，从而参加自己的第四届世界杯，然而在

第七章 "黄金一代"的时刻

2010年3月，贝克汉姆左脚跟腱撕裂，术后恢复期长达五个月，这使其只能在努力过后，无奈错过2010年世界杯。

然而在卡佩罗的建议下，贝克汉姆最终还是来到了2010年世界杯举办地——南非，只不过是以教练组成员的身份，这也为英格兰队的2010年世界杯前景埋下了伏笔。

根据英格兰记者的报道，在2010年世界杯期间，贝克汉姆在更衣室内仍然发挥着自己的作用。

每次训练，贝克汉姆几乎都是第一个从更衣室走出来的人。贝克汉姆会在训练场上跑几圈，和教练交谈几句，接着再和所有队员一起热身。然后，当队员们开始正式训练时，贝克汉姆就会默默地走到一边，看着自己曾经的队友在球场上奔跑。

每次比赛之前，贝克汉姆都会站在更衣室门口，和每一个球员击掌，给予鼓励，而在世界杯前的热身赛上，当鲁尼因为辱骂裁判而被红牌罚下时，贝克汉姆也是第一个走过去拍拍鲁尼的肩膀的教练组成员。

但这一切努力，都无法阻挡英格兰队在世界杯上的颓势。

世界杯开幕之后，英格兰队的表现不及预期。

小组赛第一场，英格兰队就与美国队战平，杰拉德在比赛进行到第4分钟时就取得了进球，但美国队球员邓普西的射门让英格兰队

英格兰队

门将罗伯特·格林出现失误,球从其手边滚入球门。

第二场比赛,英格兰队则穷尽90分钟,没有找到进球的方法,被阿尔及利亚队逼成了0∶0的平局。

两场比赛无法取胜,英格兰媒体开始质疑卡佩罗的战术以及球队的抗压能力。在这种情况下,英格兰队第三场的好转并不明显,小组赛最后一场比赛,凭借杰梅因·迪福的进球,英格兰队以1∶0的比分战胜斯洛文尼亚队。

英格兰队以小组第二名的身份出线,这意味着英格兰队在淘汰赛第一场,就将对阵其他小组的第一名,而英格兰队的对手是熟悉的德国队。

比赛开始之后,德国队很快就占据了比赛的上风,米洛斯拉夫·克洛泽和卢卡斯·波多尔斯基的进球让德国队早早以2∶0领先。比赛进行到第37分钟时,英格兰队后卫马修·厄普森扳回一球,让双方的比分差距有所减小,就在进球后的一分钟,兰帕德的射门击中横梁下缘,弹在地面上,之后被德国队门将曼努埃尔·诺伊尔收在手中,根据电视转播的回放显示,球已经越过了门线,但裁判没有判罚进球有效。

这一打击让英格兰队被迫重新集结,并且向德国队的球门前施加更大的压力,而德国队则借此抓住了进攻的机会,在下半场比赛

第七章 "黄金一代"的时刻

再进两球,以4∶1的比分击败了英格兰队。

尽管因为误判,国际足联向英格兰队表示歉意,但比赛比分和英格兰队被淘汰出局的结果无法更改。

2010年世界杯后,卡佩罗继续担任主帅,其在之后的比赛里大幅修改了自己的战术选择,并通过2012年欧洲杯预选赛进行不断的调试。

这一届预选赛,英格兰队和黑山队、瑞士队、威尔士队、保加利亚队被分在一组。英格兰队获得了5胜3平的不败战绩,但在整个过程中,包括在主场0∶0战平黑山队、主场2∶2战平瑞士队以及客场2∶2战平黑山队的结果,都让卡佩罗受到了外界的批评,但这些批评都不及接下来发生的事情让卡佩罗愤怒。

2012年2月,在英足总因为特里涉嫌种族歧视而剥夺了特里的英格兰队队长职务之后,卡佩罗接受媒体采访时表示不同意这一决定,于是卡佩罗选择辞职。

三个月之后,英足总才宣布由罗伊·霍奇森接手英格兰队,当时距离2012年欧洲杯开幕只剩一个月的时间。

所以2012年欧洲杯小组赛第一场,就是霍奇森执教英格兰队的首秀,而英格兰队的对手还是强大的法国队。

这场比赛,英格兰队率先进球,但英格兰队只高兴了9分钟,法国队就凭借纳斯里的进球扳平比分,从此之后,两支球队再无建

英格兰队

树，霍奇森用一场平局的结果拿到了媒体给他的及格分。

此后的两场比赛，英格兰队分别以3∶2和1∶0的比分，惊险战胜了瑞典队和乌克兰队，以小组第一的成绩晋级淘汰赛。

在大赛上接连的失败，让英格兰队球迷已经麻木了，所以当发现1/4决赛的对手是意大利队时，英格兰队球迷就已经失去了信心。

实际上，英格兰队在这场比赛表现还算不错，英格兰队抵挡住了意大利队大量的进攻，但自己的进攻也没有收获，于是两支球队在120分钟内互交白卷，比赛又来到了英格兰队球员已经有了心理阴影的点球大战环节。

结果一如往常，英格兰队球员阿什利·杨和阿什利·科尔相继罚丢点球，英格兰队就此结束了这届欧洲杯。

◆ **熟悉的乱世局面**

因为霍奇森临阵接手这支始终不达预期的英格兰队，没有多少人会把失败的责任推给霍奇森，相反，球队能够从小组出线，还能和意大利队拼到点球大战，这个过程就已经超出不少球迷的预期了。

第七章 "黄金一代"的时刻

然而,外界对霍奇森的这种宽容不会持续太久,霍奇森必须要在接下来的比赛中证明自己。

2013年是英足总成立150周年,因此英格兰队在全年安排了一系列特别的友谊赛,其中包括对阵巴西队、苏格兰队和爱尔兰队的比赛,但在这期间,英格兰队最重要的比赛还是2014年世界杯预选赛。

乌克兰队、黑山队、波兰队、摩尔多瓦队和圣马力诺队,这些对手绝大部分都在过去几年和英格兰队有过较量,这些对手之前并不能给英格兰队带来太多的麻烦,在这次预选赛当中,也是一样的情况。

英格兰队以不败战绩拿到小组第一的成绩,但在此过程中,英格兰队与乌克兰队、波兰队、黑山队都有过平局的结果,这让外界对霍奇森的不满开始积累。

而到了世界杯正赛,签运成为英格兰队的第一道催命符。

小组赛阶段,英格兰队落入了标准的"死亡之组",同组对手是2012年欧洲杯亚军意大利队和2010年世界杯四强乌拉圭队,只有哥斯达黎加队似乎稍好对付。

于是在小组赛开始之后,英格兰队相继以1∶2的比分不敌意大利队和乌拉圭队。在第三场比赛还未开打的情况下,英格兰队就几乎失去了小组出线的可能性,而在第三场比赛0∶0战平哥斯达黎加队之后,英格兰队在理论上的出线可能也彻底消失。

英格兰队

最终英格兰队以小组垫底的成绩，很快就告别了2014年世界杯。

在被媒体描述为灾难的这一届世界杯后，杰拉德和兰帕德宣布结束自己的英格兰队生涯。这两名球员从未在英格兰队的赛场展现其在俱乐部的统治力，这是英格兰队历史上的一件憾事。

这两名球员离开之后，鲁尼被任命为新队长，而鲁尼也已经29岁。在这届世界杯上，鲁尼才攻入了其在世界杯赛场的第一个进球，也是唯一的进球。

霍奇森的执教水平在世界杯后也遭到了质疑，但其得以继续带队，征战2016年欧洲杯预选赛。老球员逐渐淡出英格兰队之后，哈里·凯恩、拉希姆·斯特林等年轻球员开始崭露头角，成为英格兰队的新生力量。

在年轻球员的参与下，英格兰队在2016年欧洲杯预选赛打出了10场全胜的战绩。尽管考虑到对手为瑞士队、斯洛文尼亚队、爱沙尼亚队、立陶宛队和圣马力诺队，英格兰队的这一表现还是让人相当惊讶。

但在2016年欧洲杯正赛，英格兰队球迷刚刚燃起的希望就被浇灭。

小组赛阶段，英格兰队和威尔士队、俄罗斯队、斯洛伐克队被分在一组。英格兰队一如往常地难以在大赛第一场收获胜利，与俄

第七章 "黄金一代"的时刻

罗斯队战成1∶1的平局，随后英格兰队在对阵威尔士队时取得了一场2∶1的逆转胜利。在赛事规模扩大、小组赛难度降低的情况下，这场胜利保证了英格兰队得以晋级淘汰赛，所以虽然第三场以0∶0的比分战平斯洛伐克队，英格兰队还是拿到了小组第二的名次。

1/8决赛，英格兰队的对手是冰岛队。

在赛前，外界认为英格兰队将会毫无悬念地获得比赛胜利。比赛初期也是这样的剧情，鲁尼在比赛进行到第4分钟时就通过罚入点球让英格兰队取得了领先优势，然而之后短短的14分钟内，冰岛队连进两球，反超了比分。

这让英格兰队惊诧不已，其随后对冰岛队进行了猛烈的进攻，但直至比赛结束的哨声吹响，英格兰队也没有收获进球，最后以1∶2的比分爆出惊天冷门，英格兰队被冰岛队淘汰出局。

比赛结束时，英格兰队球迷在现场发出震耳欲聋的嘘声，于是霍奇森在赛后发布会上直接宣布辞职。

英格兰队的乱局，并没有就此结束。

欧洲杯失利后不到一个月，英足总任命萨姆·阿勒代斯为英格兰队新任主帅。在其执教首秀上，英格兰队凭借亚当·拉拉纳在伤停补时阶段的进球，以1∶0的比分战胜斯洛伐克队，英格兰队夺得了2018年世界杯预选赛第一场比赛的胜利。

英格兰队

然而，在第二场比赛前，英格兰媒体《每日电讯报》报道了阿勒代斯会见一群亚洲商人的故事，这些商人后来被证实是为该报工作的卧底记者。在这次会面上，阿勒代斯透露了自己如何绕过俱乐部的赛事规则，并且嘲笑了霍奇森、英格兰队球员和剑桥公爵。

事情曝光之后，阿勒代斯为自己的不当行为道歉，但英足总还是解雇了阿勒代斯。阿勒代斯的任期仅为67天，是英格兰队历史上任期最短的一位主教练。

21世纪开始的16年，是英格兰队陷入混乱的16年。

英格兰队拥有了出色的球员，却找不到好的办法来展现这些球员在俱乐部赛场上所具备的能力。随着这些球员的老去，英格兰队的实力也逐渐下滑。不管是外籍主帅卡佩罗，还是本土主帅霍奇森，都无法逆转这个趋势。

到了后期，英格兰队在赛场上输给弱旅，在赛场外丑闻被曝光，英格兰队因此跌入了低谷。"三狮军团"的绰号，也在其他队球迷的嘲笑和自己球迷的自嘲中，变成了"三喵军团"。

然而，就是在这样漫天的嘲笑声中，英格兰队开始了自己的不平凡之路。

第八章

复兴路正式开启

那些错失的机会和冠军固然可惜,但在索斯盖特之前,英格兰队的成功者也只有一个拉姆齐。

——引语

英格兰队

◆ 意外惊喜的到来

由于阿勒代斯的丑闻发生得太过突然，英足总完全没有做好换帅的心理准备。考虑到一个月后，2018年世界杯预选赛就将进行第二轮比赛，英足总只好要求当时担任英格兰21岁以下青年队主帅加雷斯·索斯盖特来担任英格兰队的临时教练。

在1996年欧洲杯半决赛罚丢了关键点球，导致英格兰队在主场未能进入决赛的球员就是索斯盖特。

在索斯盖特带队的这段时间，英格兰队先是在主场以2∶0的比分战胜马耳他队，随后则在客场以0∶0的比分战平斯洛文尼亚队、主场以3∶0的比分战胜了苏格兰队。

在得到了球员方面的正面反馈之后，英足总决定将英格兰队正式交给索斯盖特，英足总与索斯盖特签下了四年的合约。

索斯盖特成为正式主帅之后，立刻对英格兰队进行了大范围的改革。

首先，索斯盖特逐渐让一些老球员结束了英格兰队生涯，从而为年轻人的加入腾出了空间。其次，作为英格兰队前球员和青年队

第八章 复兴路正式开启

前教练，索斯盖特在英格兰队中营造了非常良好的气氛，让英格兰队的年轻球员并未受到沉重压力的负面影响。

在积极使用年轻球员之后，英格兰队在比赛中的表现越来越好，球员跑动量显著增多，冲刺能力也大大提升，这都使得英格兰队焕然一新。

2018年世界杯预选赛，英格兰队在剩余的比赛里分别战胜了立陶宛队、马耳他队、斯洛文尼亚队，只是在客场以2：2的比分战平苏格兰队。

最终，英格兰队在10场比赛里取得了8场比赛的胜利、2场比赛的平局，以小组第一的身份轻松晋级世界杯正赛。

然而，此前旷日持久的失败已经让英格兰队球迷不敢对这支球队抱有一丝的期待，更何况这是一支年轻教练所率领的年轻球队，一切只能边打边看。

小组赛阶段，英格兰队和比利时队、突尼斯队、巴拿马队被分在同一个小组。

这个小组内的强弱态势非常分明，英格兰队和比利时队显然将获得小组出线的名额，唯一的悬念就是谁将获得小组第一名的成绩。

所以在前两场比赛中，英格兰队分别以2：1和6：1的比分，战

英格兰队

胜了突尼斯队和巴拿马队，年轻球员的发挥相当出色，英格兰队活力十足，这让英格兰队球迷颇为兴奋。

最后一场对阵同样已经锁定小组出线名额的比利时队，英格兰队以0∶1的比分不敌对手，最终以小组第二的身份晋级淘汰赛。

1/8决赛，英格兰队遭遇了哥伦比亚队。

英格兰队依然保持了良好的状态，在比赛进行到第57分钟时，英格兰队因凯恩的进球率先取得比分的领先，但就在胜利即将到手之际，哥伦比亚队在伤停补时阶段扳平比分，将比赛拖入了加时赛。

加时赛中，两支球队都没有建树，比赛由此进入到点球大战的环节中。

五轮点球，英格兰队罚中其中的四个，而英格兰队门将乔丹·皮克福德扑出了哥伦比亚队的两个点球，最终帮助英格兰队获得了世界杯历史上第一次点球大战的胜利。

英格兰队因此进入八强。

1/4决赛对阵瑞典队，英格兰队表现稳健。

凭借哈里·马奎尔和德勒·阿里的进球，英格兰队以2∶0的比分战胜对手，成功闯入四强，这是英格兰队自1990年以来的世界杯最佳战绩，索斯盖特也成为自博比·罗布森以来，第一位带领英格

第八章 复兴路正式开启

兰队进入世界杯半决赛的主教练。

这一成功让索斯盖特赢得了英格兰球迷的极大钦佩,所以在与克罗地亚队的半决赛前,英格兰队球迷纷纷穿上马甲,模仿索斯盖特在场地旁边的标志性装扮。

在半决赛,英格兰队仍有希望创造全新的历史。英格兰队在比赛中获得了梦幻般的开局,比赛进行到第5分钟时,英格兰队球员基兰·特里皮尔罚进任意球,帮助英格兰队率先取得了领先优势,此后的英格兰队仍有破门机会,但都未能抓住。

下半场比赛,克罗地亚队扳平比分,这让英格兰队手忙脚乱,所以英格兰队再次超出比分的难度越来越大,最终被对手拖入加时赛。可惜的是,在加时赛率先进球的一方变成了克罗地亚队,马里奥·曼朱基奇的进球帮助克罗地亚队取得了比赛的胜利,英格兰队无缘晋级决赛。

在季军赛中,英格兰队又碰到了小组赛时的对手——比利时队。

这一次英格兰队还是没能赢得对手,比利时队依靠托马斯·默尼耶和埃登·阿扎尔的进球,再次击败了英格兰队。英格兰队获得了本届世界杯的第四名,英格兰队队长凯恩打入6球,成为本届世界杯的最佳射手。

世界杯四强的成绩,让英格兰队球迷完全没有想到。即便没

153

英格兰队

有获得冠军,英格兰队仍然受到了诸多赞扬。世界杯落幕的一周后,伦敦的索斯盖特地铁站特意在为期两天的时间内更名为"加雷斯·索斯盖特地铁站",以此表彰索斯盖特在世界杯上的成就。

◆ 崛起的"三狮军团"

2018年世界杯过后,英格兰队球迷对自己的球队有了全新的认识。

英格兰队球迷发现这群年轻球员的确实力出众,队长凯恩更是当之无愧的球队核心,至于索斯盖特这位年轻教练,则有着令人意想不到的带队能力。

很显然,英格兰队用一届世界杯上的出色表现向自己的球迷重新证明了实力,从而为自己换来了更为宽松的舆论环境。

这样一来,英格兰队的表现自然也愈发出色。

2018—2019赛季,欧足联创办了一项名为欧洲国家联赛的全新比赛。英格兰队在这届比赛的小组赛阶段,与西班牙队和克罗地亚队被分在一组。

虽然英格兰队第一场比赛在主场以1∶2的比分不敌西班牙队,

第八章　复兴路正式开启

第二场也没能取胜，客场以0∶0的比分战平克罗地亚队，但英格兰队在之后的两场比赛取得全胜。客场以3∶2的比分击败西班牙队的比赛中，斯特林梅开二度，马库斯·拉什福德也锦上添花，这场胜利是英格兰队自1987年以来对阵西班牙队的首次胜利。

随后英格兰队以2∶1的比分战胜克罗地亚队，这个结果也让英格兰队报了2018年世界杯半决赛之仇。

4场比赛2胜1平1负，英格兰队在这个小组中成为第一名，从而获得了参加淘汰赛的资格。

不过在半决赛中，英格兰队没能战胜荷兰队。拉什福德的进球一度让英格兰队取得领先优势，但马泰斯·德利赫特的进球帮助荷兰队在下半场扳平比分，随后荷兰队在加时赛连入两球，以3∶1的比分战胜了英格兰队。

在季军赛中，英格兰队与瑞士队鏖战120分钟，没有分出胜负，最后在点球大战当中，英格兰队异常稳定地六轮全中，最终英格兰队等到了瑞士队球员约西普·德尔米奇的罚失。

虽然这只是欧洲国家联赛这一带有友谊赛性质的赛事的第三名，但这也是自1968年欧洲杯以来，英格兰队首次在重大国际赛事中获得第三名的好成绩。

英格兰队拿到了一个又一个出色的成绩，战胜了一个又一个

英格兰队

强大的对手，英格兰队球迷开始期待英格兰队能够带给球迷更多幸福。

很显然，2020欧洲杯就是一个绝佳的机会。

预选赛阶段，英格兰队和捷克队、科索沃队、保加利亚队、黑山队被分在一组。总计8场比赛，英格兰队取得了7胜1负的战绩，打进了37球，这个结果足以见得英格兰队在这个小组的绝对优势。

唯一的输球是在客场对阵捷克队时，以1∶2的比分不慎输掉了比赛。

然而受到新冠疫情的影响，这届欧洲杯被推迟到2021年举行，而在2020年的晚些时候，英格兰队开始征战2020—2021赛季欧洲国家联赛。

这一次，英格兰队和比利时队、丹麦队、冰岛队被分在一组。

虽然英格兰队在前三场比赛保持不败，取得了2胜1平的战绩，但在第四场比赛，英格兰队在主场以0∶1的比分不敌丹麦队，随即便在客场以0∶2的比分输给了比利时队。

这两场失利过后，英格兰队就已经无缘小组第一的名次，即便最后一场4∶0大胜冰岛队，英格兰队最终只是屈居小组第三的名次，没能参与对冠军的争夺当中。

随后来到2021年，英格兰队终于等到了欧洲杯。

第八章 复兴路正式开启

这一届欧洲杯采用了无主办国的巡回赛方式，所有的比赛被放在欧洲11个城市分别举行，其中就包括英格兰的伦敦和苏格兰的格拉斯哥。

而且对于英格兰队最有利的是，半决赛和决赛都在伦敦温布利球场举行，英格兰队已经等同于东道主队。

小组赛阶段，英格兰队与克罗地亚队、捷克队和苏格兰队被分在一组，英格兰队的三场比赛都被安排在伦敦温布利球场举行，所以在英格兰队球迷的助威声中，英格兰队开始了自己的征程。

小组赛第一场，斯特林打进全场唯一的进球，英格兰队以1∶0的比分小胜克罗地亚队，从而为自己的欧洲杯之旅开了一个好头。随后英格兰队与苏格兰队握手言和，这一结果稍稍令人失望，但并未影响小组出线的前景。最后一场比赛英格兰队对阵捷克队，英格兰队还是凭借斯特林的进球战胜了对手，最终英格兰队以2胜1平的战绩、小组第一的名次轻松晋级淘汰赛。

1/8决赛，英格兰队遇到了老对手德国队，德国队从慕尼黑远道而来，需要在温布利球场挑战英格兰队。这注定是一个艰巨的挑战，但对英格兰队来说，这场比赛也丝毫不容易。

两支球队打得相当胶着，比赛下半场才开始出现绝佳机会，而把握住机会的球队是英格兰队。比赛的第75和第86分钟，斯特林和

英格兰队

凯恩各进一球,英格兰队以2:0的比分战胜德国队。

这是英格兰队自1966年世界杯决赛以来,首次在国际大赛淘汰赛阶段战胜德国队。

击败历史上的老对头,英格兰队士气大振,全队前往意大利罗马对阵1/4决赛的对手——乌克兰队。

这场比赛,英格兰队打得相当轻松,开场仅4分钟就取得进球,比赛进行到第63分钟时,英格兰队已经取得了4:0的领先优势,最后也以这个比分战胜了乌克兰队。

半决赛上的对手丹麦队,实力不及英格兰队,而且回到伦敦,英格兰队应该如虎添翼,但在这场比赛,英格兰队却打得相当艰难。比赛进行到第30分钟时,丹麦队率先进球,虽然英格兰队在9分钟后就利用丹麦队的乌龙球扳平比分,但在此后的漫长时间里,英格兰队没有取得进球,被丹麦队拖入了加时赛。

直至比赛进行到第104分钟,队长凯恩站了出来,他打进了超出比分的一球,从而帮助英格兰队第一次进入欧洲杯决赛。

然而,这仅仅是英格兰队历史上第二次进入大赛决赛,英格兰队的对手则是第十次闯入大赛决赛的意大利队。

很显然,意大利队面对决赛,比英格兰队更为轻车熟路。

比赛过程也是这样显示的。虽然英格兰队开场便先声夺人,仅

第八章 复兴路正式开启

用2分钟的时间便取得了进球,然而在主场以1∶0的比分领先之后,英格兰队陷入了迷茫。

英格兰队并不知道接下来的88分钟应该如何应对。是继续向前进攻,还是开始注重防守?没有人能给英格兰队一个确切的答案,因为不仅是英格兰队球员第一次征战决赛,连英格兰队的教练也是一样。

于是,随着时间的推移,英格兰队的表现反倒每况愈下,最终在第67分钟,意大利队利用定位球进攻扳平了比分,将两支球队拉回到了同一起跑线上。

诚然,英格兰队有着比意大利队更为优秀的年轻球员,但在单场定胜负的比赛里,经验是英格兰队相较于意大利队更为缺乏的东西,于是在剩下的比赛时间内,英格兰队没有再收获进球,就连加时赛里也是一样。

双方再次来到了点球大战。

经过2018年世界杯和2018—2019赛季欧洲国家联赛的淬炼,英格兰队在点球大战上已经摆脱了阴影,但还是那句话,这是决赛。

而且,这是一场在伦敦温布利球场举行的决赛。

这个时候,英格兰队为自己的年轻付出了代价。其实在这次点球大战,意大利队罚得也并不算好,五轮点球只命中了其中的三

英格兰队

个，但在英格兰队这边，凯恩和马奎尔罚中之后，拉什福德、杰登·桑乔和布卡约·萨卡三名年轻球员全部罚丢，英格兰队将冠军拱手让给了意大利队。

◆ 期待下一次彼岸

这场比赛的失败让英格兰队无比痛苦，因为英格兰队已经离成功如此之近，所以三名罚丢点球的球员，遭到了极端球迷的种族歧视性言论的侮辱。

但是，对于一支只有两次大赛决赛经验的球队来说，这样的过程是难以避免的，而且英格兰队能够走到决赛，已经证明了英格兰队的蜕变。

在这样的认识驱使下，英格兰队将目光放在了2022年世界杯上，因为英格兰队的球员依然年轻。

2022年世界杯预选赛，英格兰队依然表现稳定。

波兰队、阿尔巴尼亚队、匈牙利队、安道尔队和圣马力诺队悉数倒在英格兰队的脚下。10场比赛，英格兰队取得了8胜2平的不败战绩，这让英格兰队毫无悬念地获得了世界杯正赛的参赛资格。

第八章　复兴路正式开启

然而在2022年的夏天，英格兰队在2022—2023赛季欧洲国家联赛上的表现极为糟糕。在这个由意大利队、匈牙利队、德国队和英格兰队组成的小组内，英格兰队没有取得一场比赛的胜利，6场比赛3平3负，甚至还以0∶4的大比分惨败于匈牙利队。

这样的表现让球迷无比失望，他们也不禁担心起英格兰队在世界杯上的表现。

世界杯小组赛阶段，英格兰队的对手分别是伊朗队、美国队和威尔士队。

首战面对伊朗队，外界普遍认为英格兰队将会陷入一场苦战，毕竟在2018年，伊朗队曾经给同组的葡萄牙队和西班牙队制造了很大的麻烦，但英格兰队却用一场6∶2的大胜有力地回应了外界对英格兰队的担忧和质疑。

第二场比赛，英格兰队没能战胜美国队，两支球队0∶0战平，但随着英格兰队以3∶0的比分完胜威尔士队，英格兰队还是以小组第一的身份顺利晋级到了淘汰赛阶段。

英格兰队在淘汰赛上的第一个对手是来自非洲的塞内加尔队。

英格兰队没有陷入身体层面的苦战，上半场就完成了两球领先，下半场萨卡再进一球，英格兰队从而以3∶0的比分战胜了塞内加尔队。

英格兰队

1/4决赛，英格兰队遇上了法国队。法国队是2018年世界杯冠军得主，英格兰队实力同样不容小觑，所以这场比赛也被外界称为"提前举行的决赛"。

比赛的过程很符合这一外界判断。法国队球员奥雷利安·楚阿梅尼早早进球，让法国队取得领先优势，随后凯恩利用点球扳平比分，打入了他在英格兰队的第53球，追平了鲁尼在英格兰队的进球纪录。

下半场比赛，奥利维尔·吉鲁的头球破门帮助法国队再次取得领先优势，而在比赛进行到第84分钟时，英格兰队再次获得点球的机会，但这次凯恩罚丢，英格兰队因此被淘汰出局。

尽管输掉了比赛，英格兰队在对阵法国队的比赛中的表现依然受到了外界的广泛赞扬，但在这场失利之后，索斯盖特对继续担任英格兰队主教练一度有所摇摆。

不过在世界杯结束之后，英足总确认索斯盖特将留任至2024年欧洲杯之后。

虽然在几次大赛之后，外界对索斯盖特的执教能力有了一些质疑，但不可否认的是，索斯盖特已经成为英格兰队不可或缺的关键人物。索斯盖特的留任让英格兰队保持了稳定，这一点也体现在了2024年欧洲杯预选赛。

第八章 复兴路正式开启

英格兰队在对阵意大利队、乌克兰队、北马其顿队和马耳他队的8场比赛里，取得了6胜2平的不败战绩。其中的两场平局，分别是客场以1∶1的比分战平乌克兰队和最后一场客场以1∶1的比分战平北马其顿队，而两个回合对阵意大利队，英格兰队全部取得了胜利。

这当然是让球迷很兴奋的结果，但这仅仅是两场预选赛的胜利，并不会带来任何冠军。

不可否认的是，索斯盖特已经非常出色，出色到他带领的英格兰队已经可以冲击冠军，但索斯盖特也有不足，不足便是他的英格兰队还缺少一座冠军奖杯。

一座冠军奖杯，就可以让一名少帅羽化成蝶。

然而，如果从长远的眼光观察英格兰队的发展，索斯盖特的功劳更加显著，因为回到2016年，没有人能想象到输给冰岛队后由一位青年队教练接手的英格兰队会在接下来的8年中取得如此大的进步。

2018年世界杯殿军，2020欧洲杯亚军，2022年世界杯八强，这已经是英格兰队在过去160年的历史长河中一段难得的稳定发挥的时间。那些错失的机会和冠军固然可惜，但在索斯盖特之前，英格兰队的成功者也只有一个拉姆齐。

英格兰队

所以，"三狮军团"依然需要努力，这一点是毫无疑问的，但指望这一代球员就书写全新的历史，这终归是强人所难。这一代球员的历史使命很可能就是为英格兰队积攒经验，从而让下一代英格兰队球员不会在决赛舞台上手足无措。

所以，"三狮军团"的前路已经非常光明，但想要达到彼岸，2024年欧洲杯可能是难得的良机。

经典瞬间

对于任何一支球队来说，在浩瀚的历史长河中，都会诞生很多的经典瞬间。这些瞬间，是球迷津津乐道的话题，也是球星绽放光彩的时刻。定格精彩的进球、争议的判罚、完美的配合、顽强的防守、伟大的扑救……珍藏这些难以忘怀的瞬间。

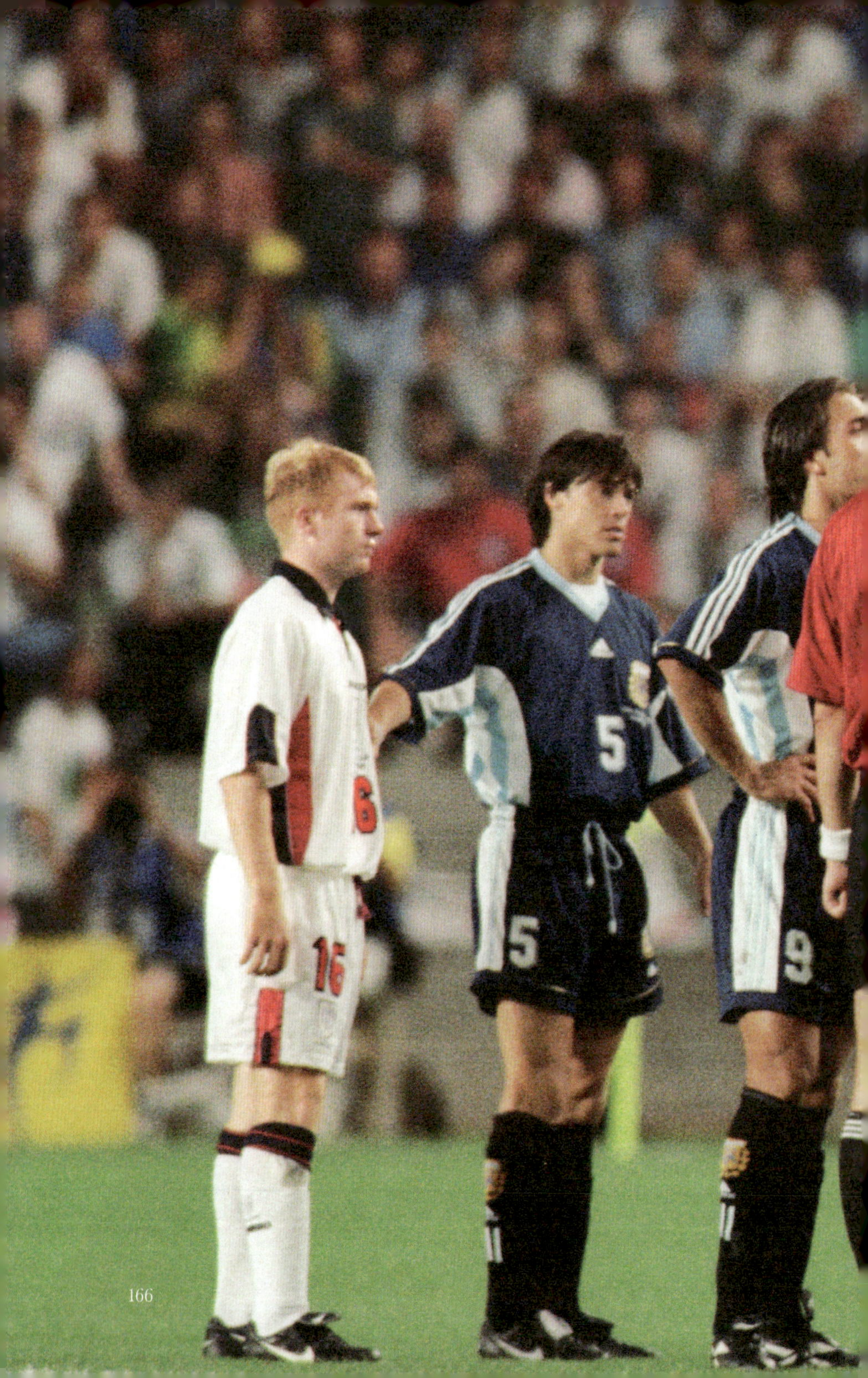

"万人迷"遭"万人唾弃"

　　1998年世界杯1/8决赛，英格兰队对阵阿根廷队。比赛第47分钟，迭戈·西蒙尼对贝克汉姆犯规，年轻气盛的贝克汉姆在裁判的眼前报复性踢倒了西蒙尼，裁判出示红牌将贝克汉姆罚出场。这场比赛，英格兰队和阿根廷队常规时间内战成2：2，双方在加时赛也均无建树，阿根廷队通过点球大战淘汰了英格兰队。英格兰媒体用"十头雄狮和一个蠢货"的标题，对贝克汉姆口诛笔伐。贝克汉姆从"万人迷"沦落到遭"万人唾弃"的境遇，生涯一度跌入低谷。

"追风少年"一战成名

　　1998年世界杯1/8决赛，英格兰队开局0：1落后阿根廷队，欧文此时站了出来成为球队的"救世主"。他突入禁区被阿根廷队后卫放倒，帮助英格兰队获得点球。英格兰队扳平比分后，欧文在比赛第16分钟演绎职业生涯名场面：他接到贝克汉姆的妙传，先是利用速度突破阿根廷队的防守，随后用一个灵巧的摆脱使对手被"钉在原地"，在对方守门员出击之前，欧文用漂亮的挑射洞穿阿根廷队的球门，以一己之力帮助英格兰队反超比分。年仅18岁的"追风少年"欧文，一战成名。

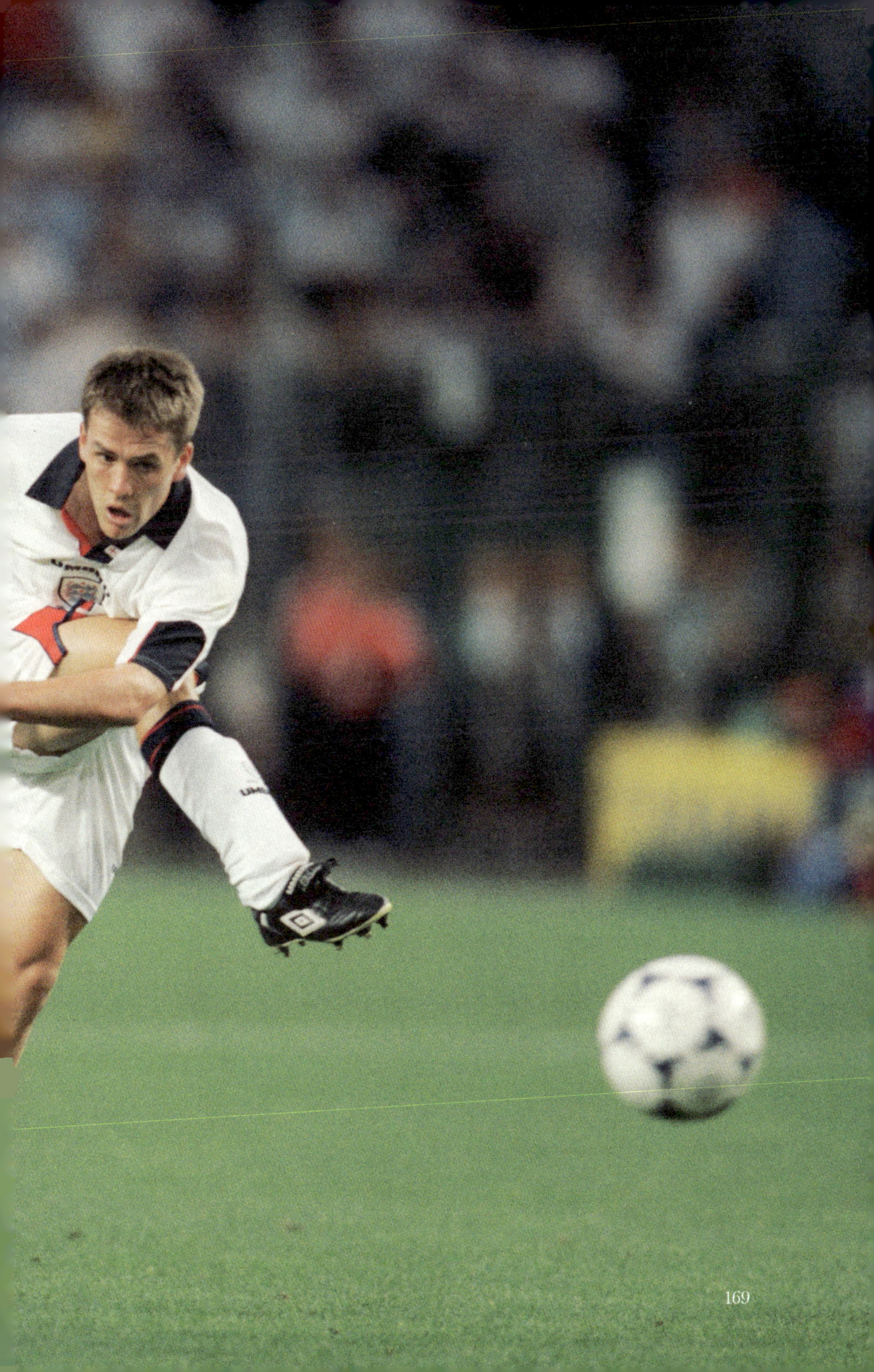

贝克汉姆演绎惊世绝平球

2002年世界杯预选赛的末轮决战,英格兰队对阵希腊队,希腊队在比赛中保持2∶1的领先。伤停补时阶段,英格兰队获得任意球机会。贝克汉姆打出一脚惊艳的弧线球,希腊队门将毫无反应,球随即入网。贝克汉姆帮助英格兰队扳平比分,拿到了宝贵的1分。凭借这个积分,英格兰队最终力压德国队收获小组第一的成绩,获得了直通2002年世界杯的资格。在1998年世界杯上因为不冷静领到红牌的贝克汉姆,用这个绝平球实现救赎。

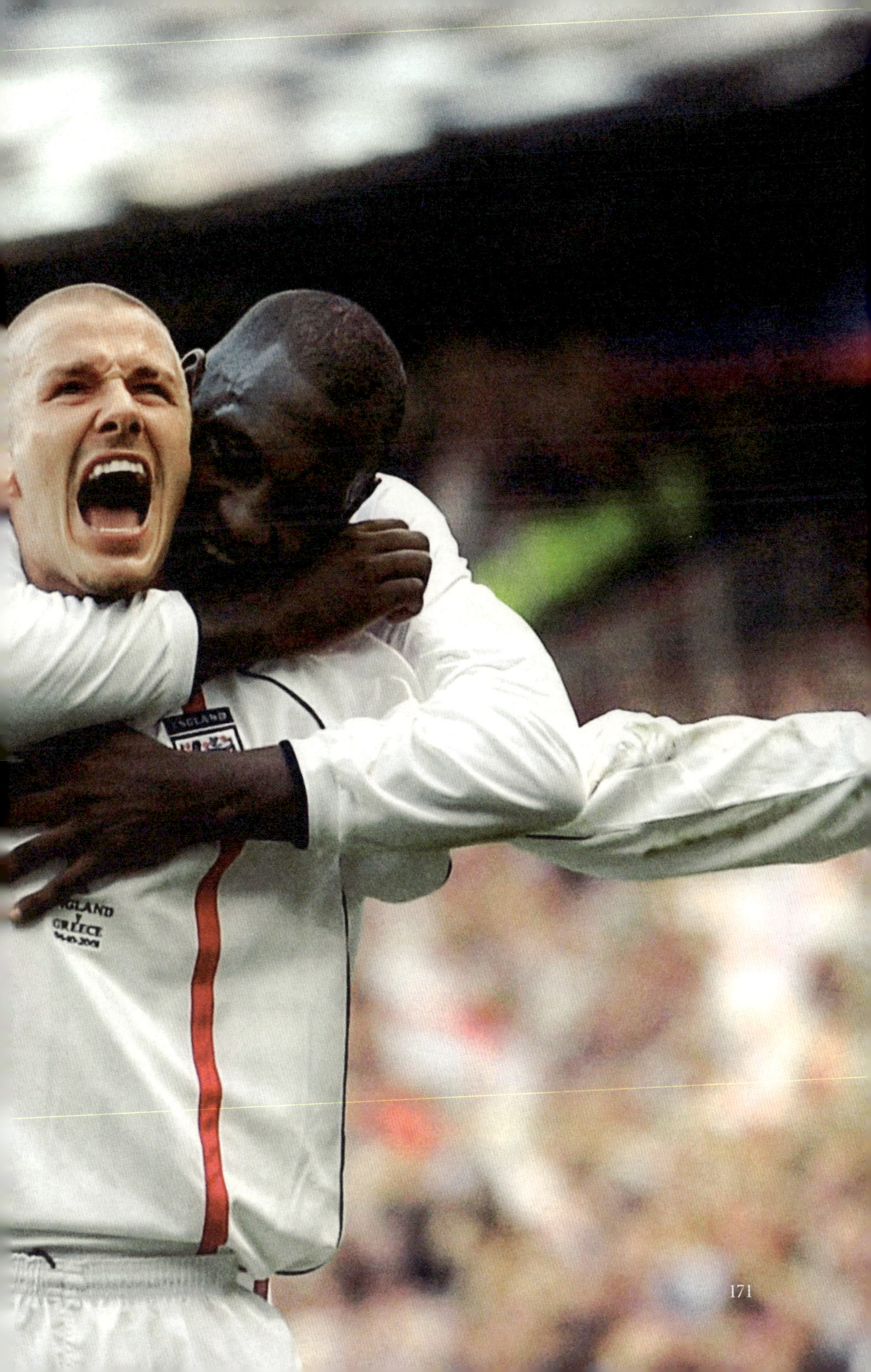
ENGLAND

贝克汉姆复仇阿根廷队

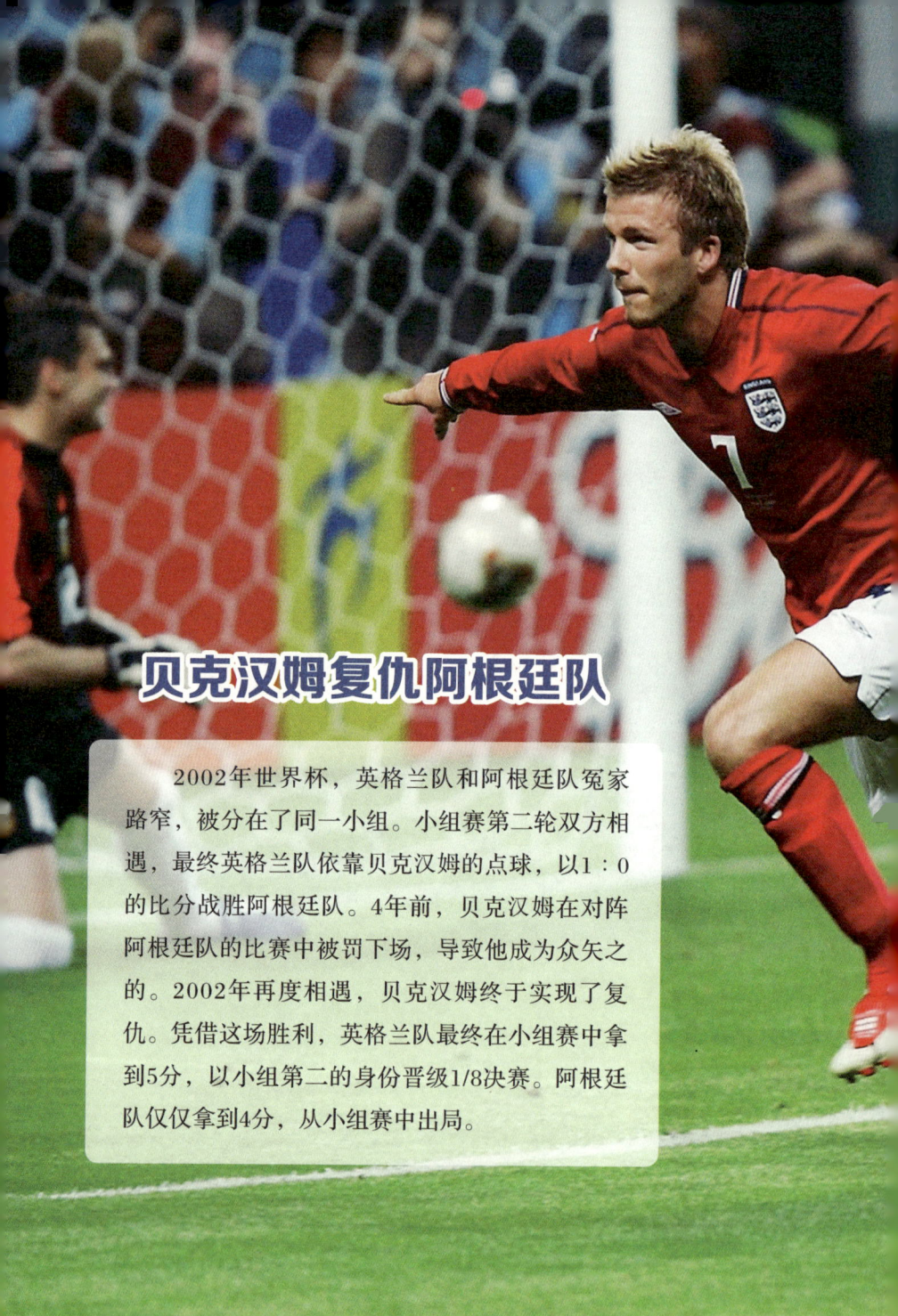

　　2002年世界杯，英格兰队和阿根廷队冤家路窄，被分在了同一小组。小组赛第二轮双方相遇，最终英格兰队依靠贝克汉姆的点球，以1∶0的比分战胜阿根廷队。4年前，贝克汉姆在对阵阿根廷队的比赛中被罚下场，导致他成为众矢之的。2002年再度相遇，贝克汉姆终于实现了复仇。凭借这场胜利，英格兰队最终在小组赛中拿到5分，以小组第二的身份晋级1/8决赛。阿根廷队仅仅拿到4分，从小组赛中出局。

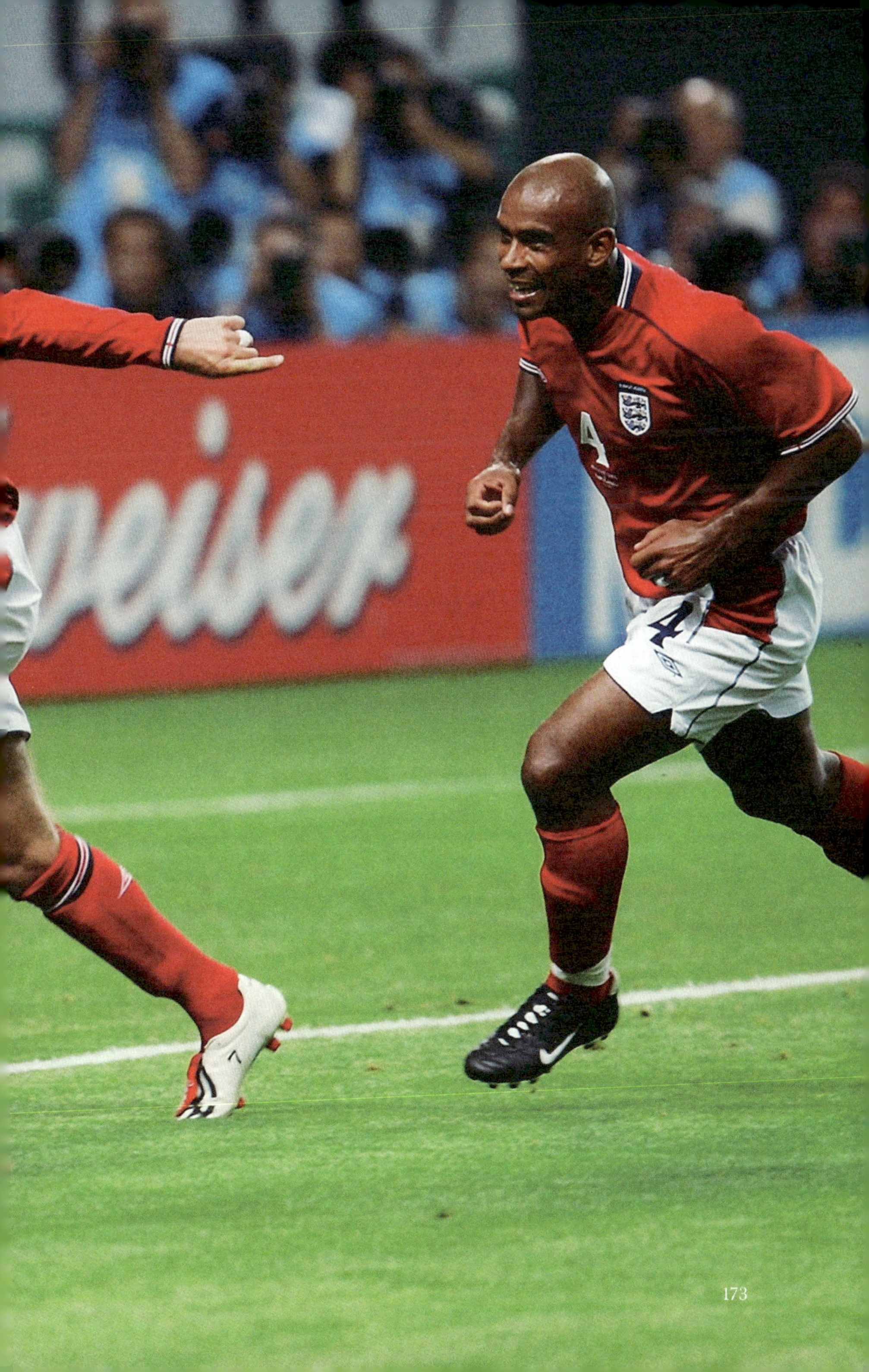

飞上看台的点球

　　2004年欧洲杯，英格兰队和葡萄牙队在1/4决赛中相遇。两队在90分钟内战成1∶1，加时赛又战至2∶2。在点球大战中，贝克汉姆代表英格兰队首个登场，但他的射门未能控制好脚法，球直接飞上看台。最终经历了7轮激战，葡萄牙队在点球大战中以6∶5击败了英格兰队。这场比赛成为贝克汉姆在欧洲杯上的绝唱，他以极其悲情的姿态，告别了这个舞台。

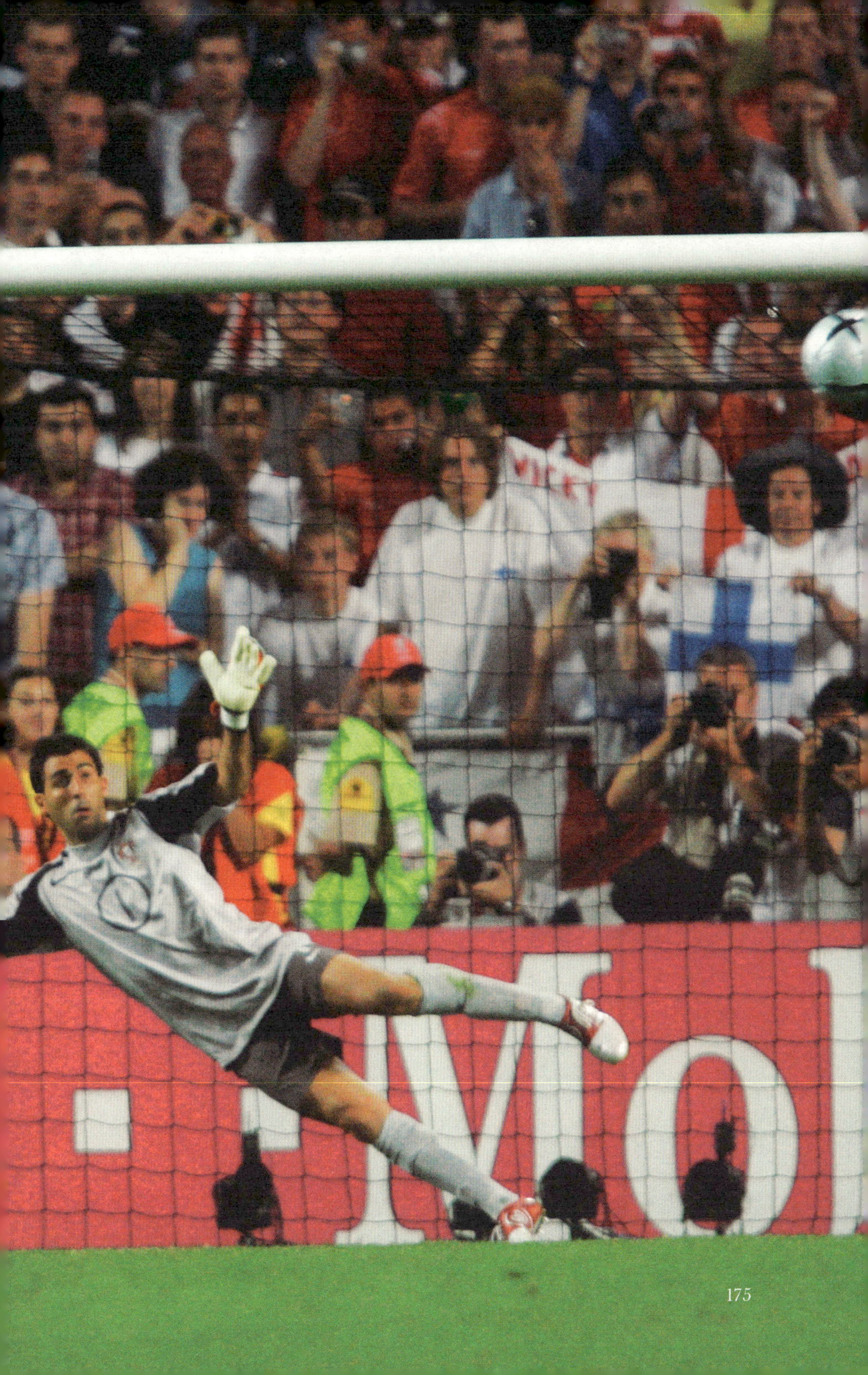

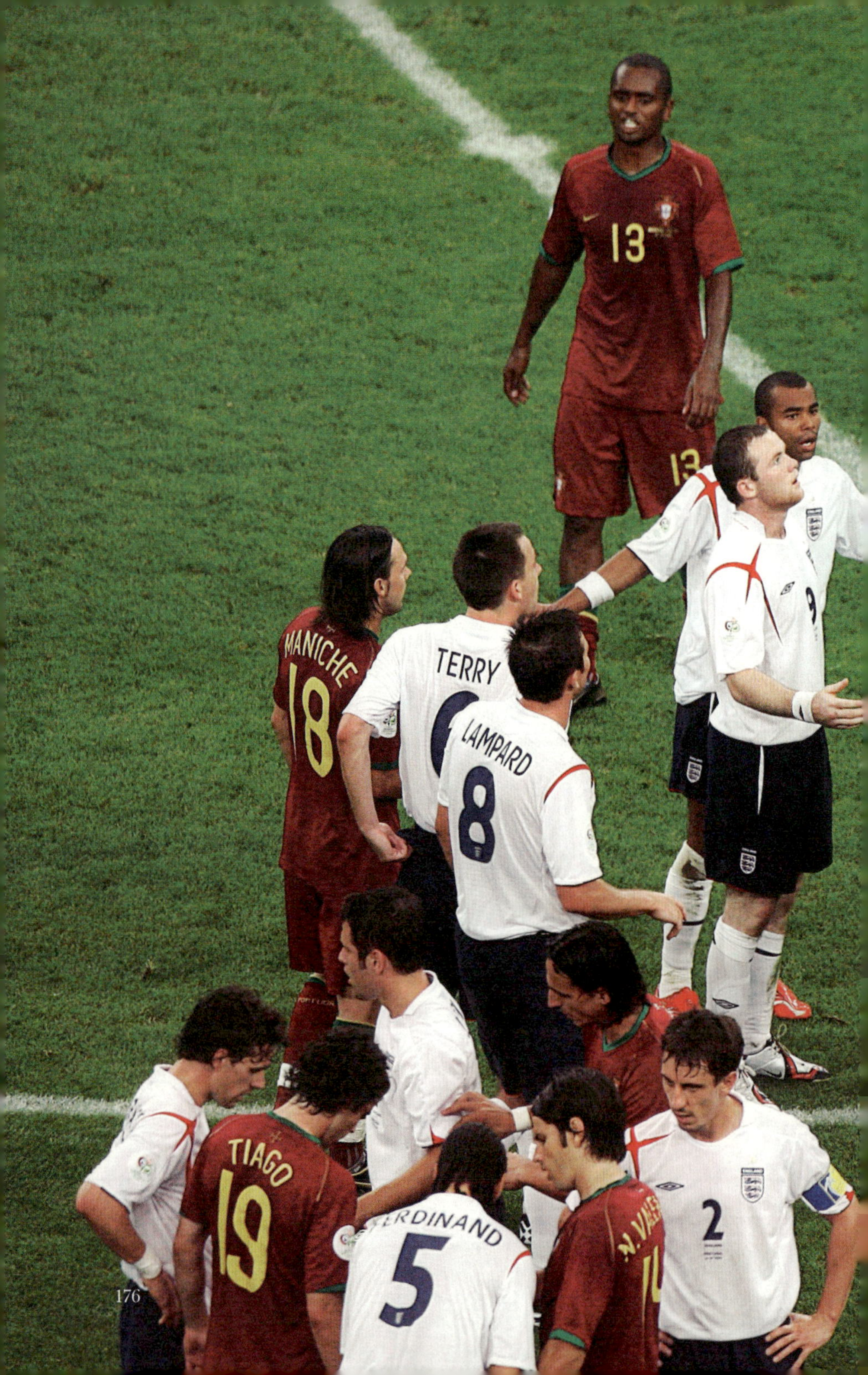
MANICHE
TERRY
LAMPARD
TIAGO

鲁尼付出冲动的代价

  2006年世界杯1/4决赛,英格兰队和葡萄牙队展开激战。比赛的第62分钟,鲁尼与葡萄牙队的里卡多·卡瓦略发生冲突,鲁尼不满卡瓦略的犯规,报复性踩踏后者。裁判起初并没有打算将鲁尼罚出场,但在葡萄牙队球员集体施压之后,裁判向鲁尼出示红牌,将其罚出场。这场比赛英格兰队和葡萄牙队在120分钟内互交白卷。点球大战中,英格兰队被淘汰出局,鲁尼也为自己的冲动付出了巨大的代价。

门线"冤案"

　　2010年世界杯1/8决赛,德国队在对阵英格兰队的比赛中先发制人,早早地取得了2∶0的领先。英格兰队凭借马修·厄普森在第37分钟的进球,将比分变成1∶2。随后"三狮军团"一鼓作气,再度发起如潮的攻势。兰帕德的一脚射门正中球门的横梁下沿,球反弹落地后明显完全越过了门线,但裁判却并未判罚进球有效。英格兰队错失了扳平的良机,最终以1∶4告负惨遭淘汰。这次门线"冤案",也成为这场比赛的重要转折点。

欧文帽子戏法造"惨案"

　　2001年9月1日,英格兰队在慕尼黑"血洗"德国队。这场比赛,成为这个小组争夺2002年世界杯参赛资格的转折点。客场作战的英格兰队,在开场即丢球的不利局面之下,发起了如潮的攻势。欧文上演帽子戏法,率领球队以5:1的比分大胜德国队。这场比赛之后,英格兰队的积分达到了13分,与德国队的差距缩小到3分,保留了争夺小组第一、直通2002年世界杯的希望,也为小组最后一战贝克汉姆任意球绝平救主埋下伏笔。

足坛"世纪悬案"

1966年世界杯决赛,东道主英格兰队与联邦德国队展开激战,双方在90分钟内战成2:2。第101分钟,赫斯特的一脚射门击中了球门横梁,球反弹之后落地,肉眼几乎无法分辨它是否完全越过门线。主裁判在征求助理裁判的意见之后,判罚进球有效。联邦德国队不满判罚不断抗议,但也无法改变比分已经变成2:3的结果。第120分钟,赫斯特再入一球上演帽子戏法,英格兰队以4:2击败联邦德国队,首次捧起世界杯冠军奖杯。

特里奋力救险

2012年欧洲杯小组赛末轮,英格兰队对阵乌克兰队。比赛的67分钟,乌克兰队的马尔科·德维奇的射门被英格兰队门将乔·哈特挡了一下,球缓缓滚向球门,约翰·特里奋力救险,成功将球解围。从慢镜头回放来看,球越过了门线,但当值主裁判及助理裁判均未判罚进球无效。这次进攻的过程中,乌克兰队的阿特姆·米列夫斯基处在越位位置上,裁判同样没有表示。最终英格兰队以1:0取胜,凭借这场胜利带来的3分,"三狮军团"以小组第一的身份出线。

"世纪扑救"

　　1970年世界杯，英格兰队与巴西队在小组赛展开激战。上半场第11分钟，巴西队右路传中，贝利在禁区内高高跃起，送上了一记质量极高的头球攻门。球落地反弹后直奔球门，电光石火之间，英格兰队门将戈登·班克斯做出了神奇的扑救，他用右手将球挡出球门，球弹到横梁之后飞出界外。在贝利头球攻门的瞬间，全场球迷几乎都已经开始庆祝，但班克斯用"世纪扑救"，拒绝了这个"必进球"。虽然这场比赛英格兰队最终0：1告负，但班克斯的这次扑救还是成为世界杯历史上的经典画面。

加斯科因"畅饮美酒"

1996年欧洲杯小组赛，英格兰队对阵苏格兰队。第79分钟，达伦·安德顿送上长传，在球落地反弹之后，加斯科因用左脚轻巧一挑，过掉了苏格兰队的防守球员科林·亨德利，随后不等球落地，右脚直接怒射破门。从停球到射门，加斯科因的动作一气呵成且极富想象力。进球之后，加斯科因为了回击媒体对于他是酒鬼的报道，狂奔到球门边躺下，任由队友向他的脸上浇水。加斯科因"畅饮美酒"，成为足坛历史上经典的庆祝画面。

184

星光璀璨

姓名：博比·穆尔

出生日期：1941年4月12日

主要球衣号码：16号、6号

英格兰队数据：108场2球

世界杯冠军队长

　　1966年，英格兰队队长博比·穆尔从英国女王伊丽莎白二世手中接过世界杯奖杯，就此成为英格兰足球的骄傲，也成为无数球迷心中的英雄。作为一名中后卫，穆尔拥有非凡的防守能力和出色的位置感，他深知自己的责任重大，是球队防线的中坚力量。穆尔的拦截精准而有力，无论是面对速度型前锋还是技术型前锋，他都能稳稳地守住自己的位置，为球队筑起一道坚不可摧的防线。在为英格兰队出场的108场比赛里，穆尔每一次都倾尽全力，作为贝利亲口称赞的球员，穆尔用表现证明了自己就是后卫中的典范。

"红魔"传奇

　　用前插引来球迷的期待，用进球制造球迷的欢呼，保罗·斯科尔斯堪称是曼联队球迷的挚爱。斯科尔斯的整个职业生涯都在曼联队效力，出战716场比赛，打入155球，为曼联队带来26座冠军奖杯。

　　低调的斯科尔斯在英格兰队的表现也非常亮眼。他在1997年首次入选英格兰队之后，随队出战了1998年、2002年世界杯以及2000年和2004年欧洲杯。2004年欧洲杯，他在小组赛最后一战对阵克罗地亚队的比赛中，传射建功拯救英格兰队。2004年欧洲杯结束之后，斯科尔斯退出英格兰队。

姓名：保罗·斯科尔斯

出生日期：1974年11月16日

主要球衣号码：8号

英格兰队数据：66场14球

姓名：保罗·加斯科因

出生日期：1967年5月27日

主要球衣号码：15号、14号、19号、8号

英格兰队数据：57场10球

"坏小子"

  1990年世界杯半决赛，在英格兰队输掉点球大战之后，加斯科因掀起球衣，捂住嘴巴，痛哭流泪。这一幕随着电视转播的信号，成为英格兰足球历史上的经典画面。1990年世界杯，23岁的加斯科因率领英格兰队杀入半决赛。6年之后的欧洲杯，加斯科因在对阵苏格兰队时打进了一记精彩的进球，左脚挑过后卫，右脚立刻衔接射门。进球之后，加斯科因躺在球门旁边，队友将水倒在他的脸上，一起回击了外界对加斯科因酗酒的报道。这位"坏小子"的球技娴熟而精湛，无论是盘带、传球还是射门，都展现出非凡的天赋，但因为嗜酒问题，他的职业生涯波折不断且颇具争议。

189

姓名：哈里·凯恩

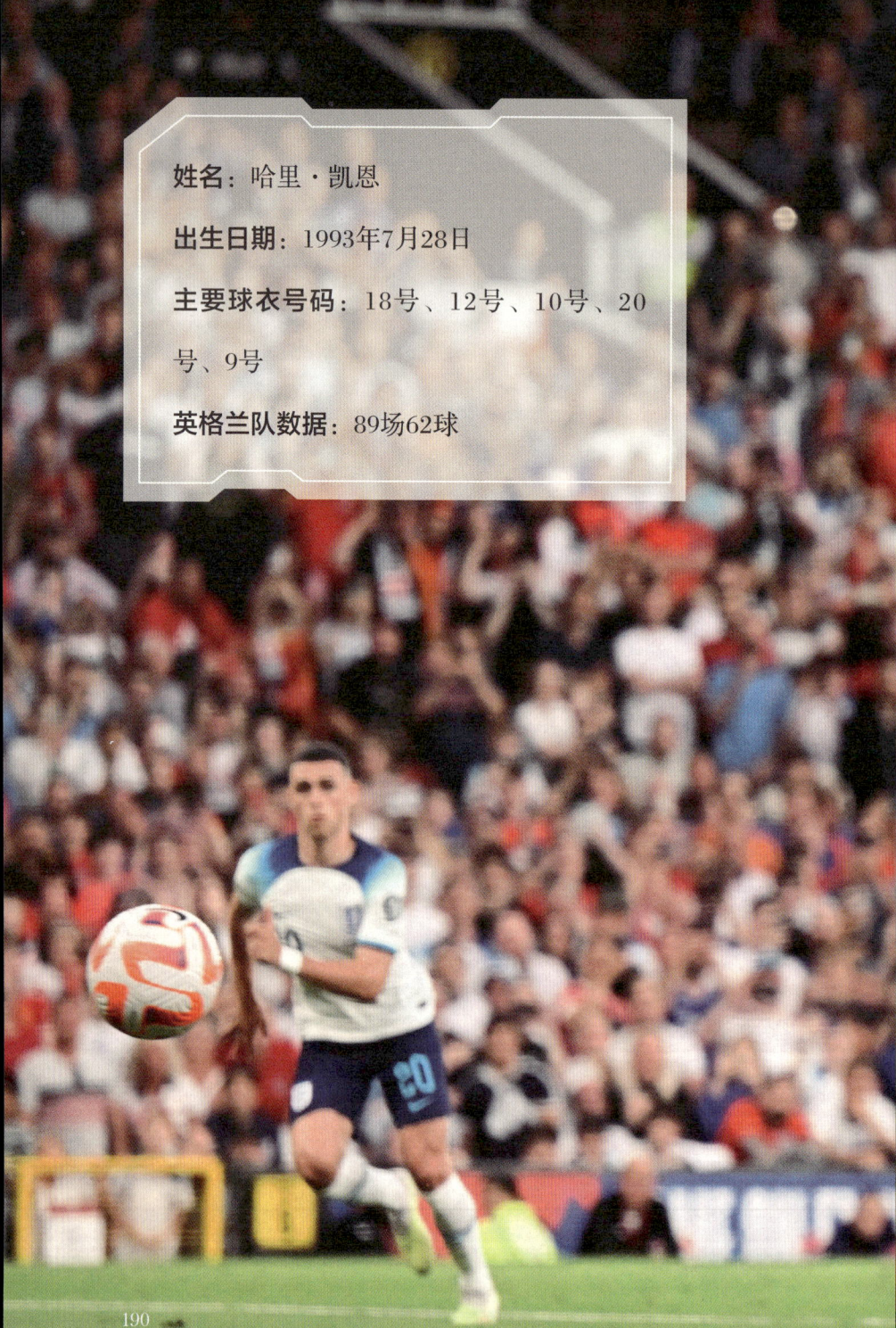

出生日期：1993年7月28日

主要球衣号码：18号、12号、10号、20号、9号

英格兰队数据：89场62球

英格兰队射手王

不到30岁的年纪，凯恩就成为英格兰队的历史射手王，超越一众名宿。凯恩拥有出色的射门技术和敏锐的洞察力，总能在关键时刻为球队破门得分。他的进球如同烟花般绚烂，点亮了球迷心中的希望之火。凯恩不仅是英格兰队的得分机器，更是球队的精神领袖，他用坚韧和毅力激励着队友勇往直前。如此优秀的球员，冠军荣誉却寥寥无几，但凯恩从未放弃过对足球的热爱与追求，在俱乐部和英格兰队的两片战场中，他苦苦追寻着最高荣誉。

姓名：布卡约·萨卡

出生日期：2001年9月5日

主要球衣号码：25号、20号、19号、15号、3号、23号、21号、18号、17号、11号、7号

英格兰队数据：32场11球

"三狮军团"未来之星

2020欧洲杯决赛，罚丢点球的萨卡无比失望；2022年世界杯赛场，萨卡两次制造点球，成为英格兰队在进攻端的最大威胁。短短一年的时间，萨卡完成蜕变。萨卡的传球如同穿针引线般精准，他总能在瞬息万变的比赛中找到最佳的突破口。他的射门更是势大力沉，让对手望"球"兴叹。如今，萨卡已经成为英格兰足球界的一颗璀璨明星。他的每一次出场都备受瞩目，每一次进球都引来欢呼。他承载着"三狮军团"的无限希望，也肩负着为英格兰队创造更好成绩的沉重使命。

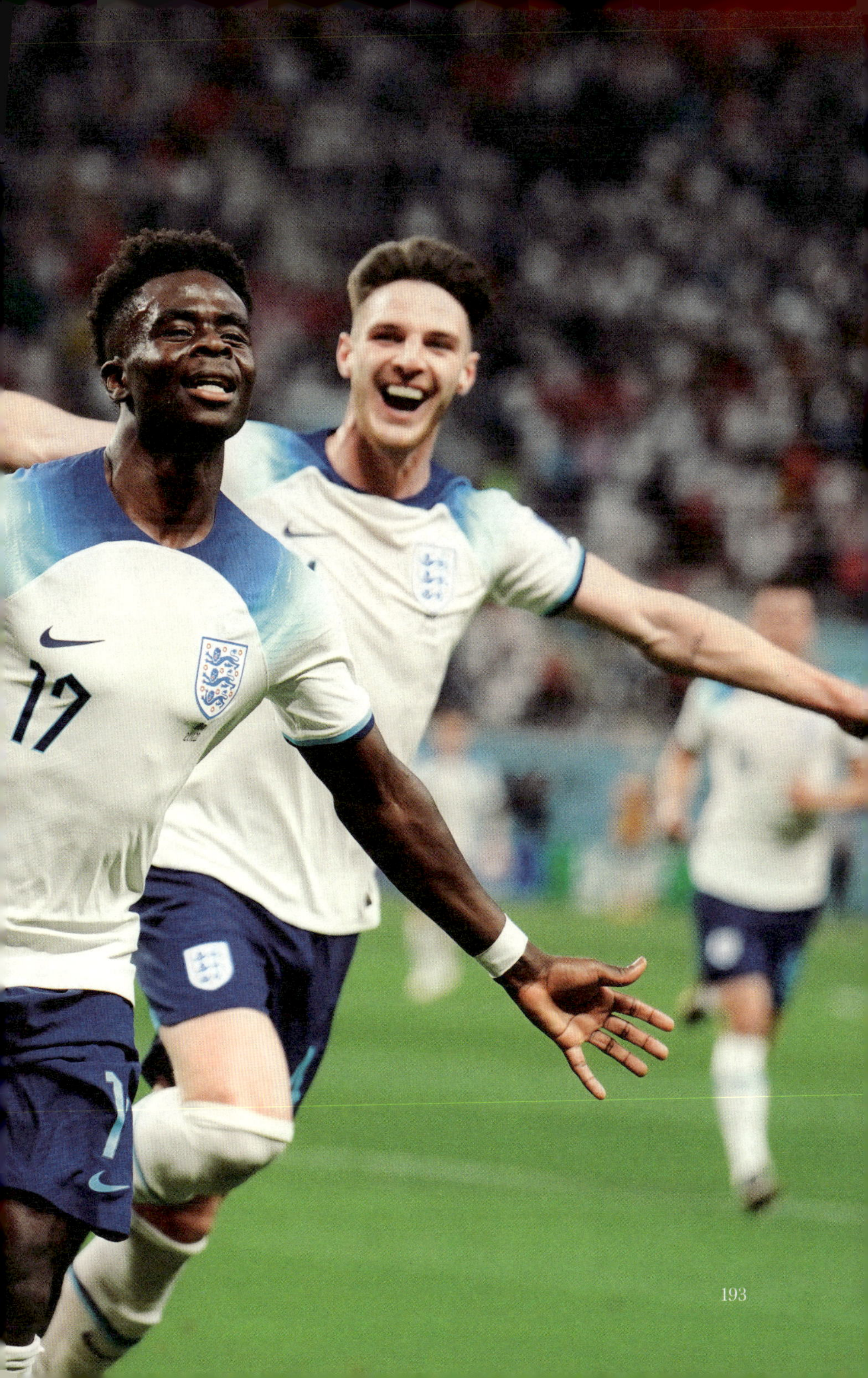

姓名：戈登·班克斯

出生日期：1937年12月30日

主要球衣号码：22号、1号

英格兰队数据：73场

传奇"门神"

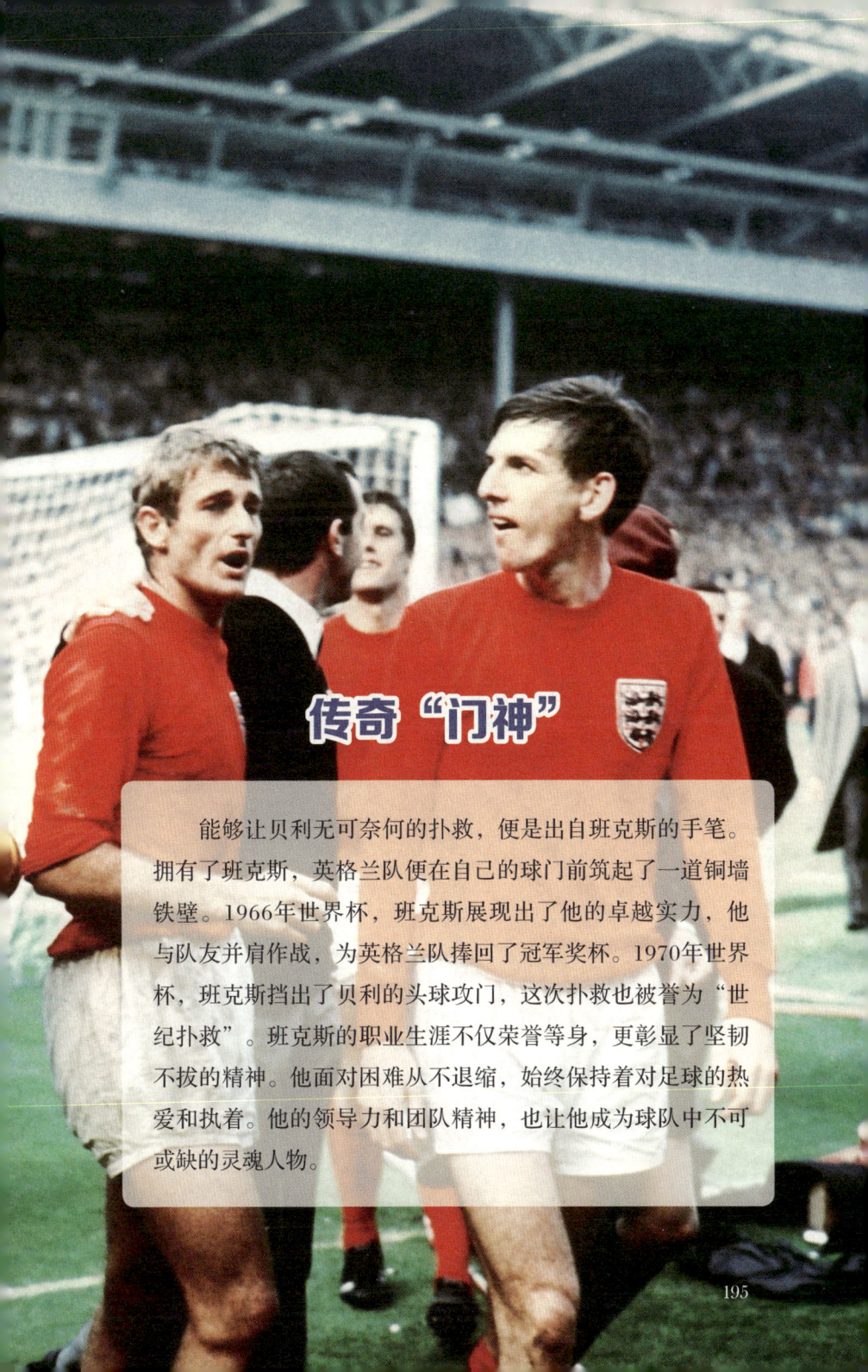

　　能够让贝利无可奈何的扑救，便是出自班克斯的手笔。拥有了班克斯，英格兰队便在自己的球门前筑起了一道铜墙铁壁。1966年世界杯，班克斯展现出了他的卓越实力，他与队友并肩作战，为英格兰队捧回了冠军奖杯。1970年世界杯，班克斯挡出了贝利的头球攻门，这次扑救也被誉为"世纪扑救"。班克斯的职业生涯不仅荣誉等身，更彰显了坚韧不拔的精神。他面对困难从不退缩，始终保持着对足球的热爱和执着。他的领导力和团队精神，也让他成为球队中不可或缺的灵魂人物。

姓名：祖德·贝林厄姆

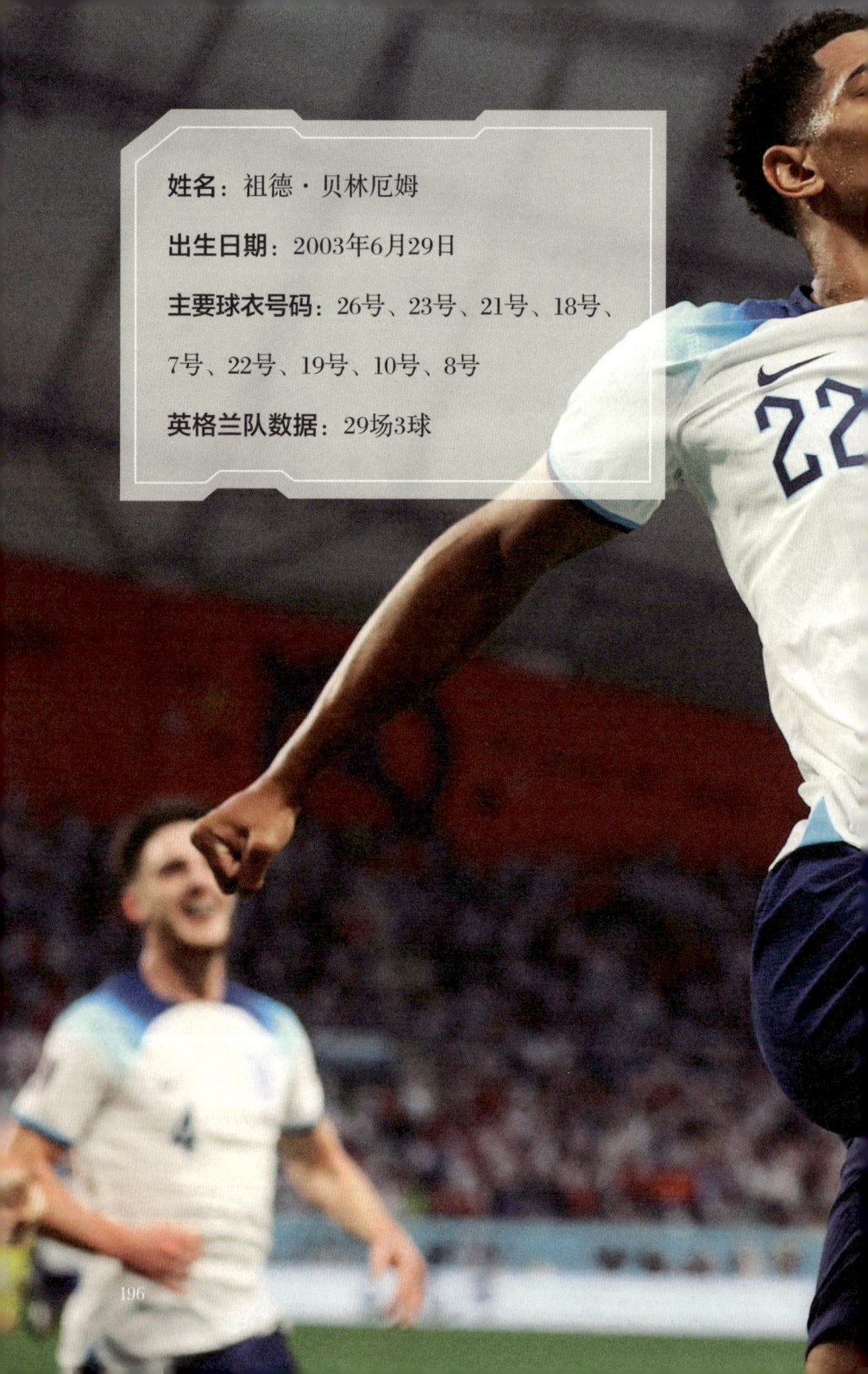

出生日期：2003年6月29日

主要球衣号码：26号、23号、21号、18号、7号、22号、19号、10号、8号

英格兰队数据：29场3球

英格兰队的"无价之宝"

　　一名球员不到20岁时身价就高达1.03亿欧元是一种什么样的体验？自从踏入职业足坛的那一刻起，贝林厄姆便展现出与众不同的天赋。他凭借出色的技术和战术意识，迅速成为世界足坛的闪耀新星，也在不到20岁的时候，完成了很多球员穷尽一生都无法做到的事情——加盟皇马队。作为一名年轻且富有天赋的球员，贝林厄姆被寄予厚望。他的职业生涯充满了无限的希望，他是英格兰队的"无价之宝"。

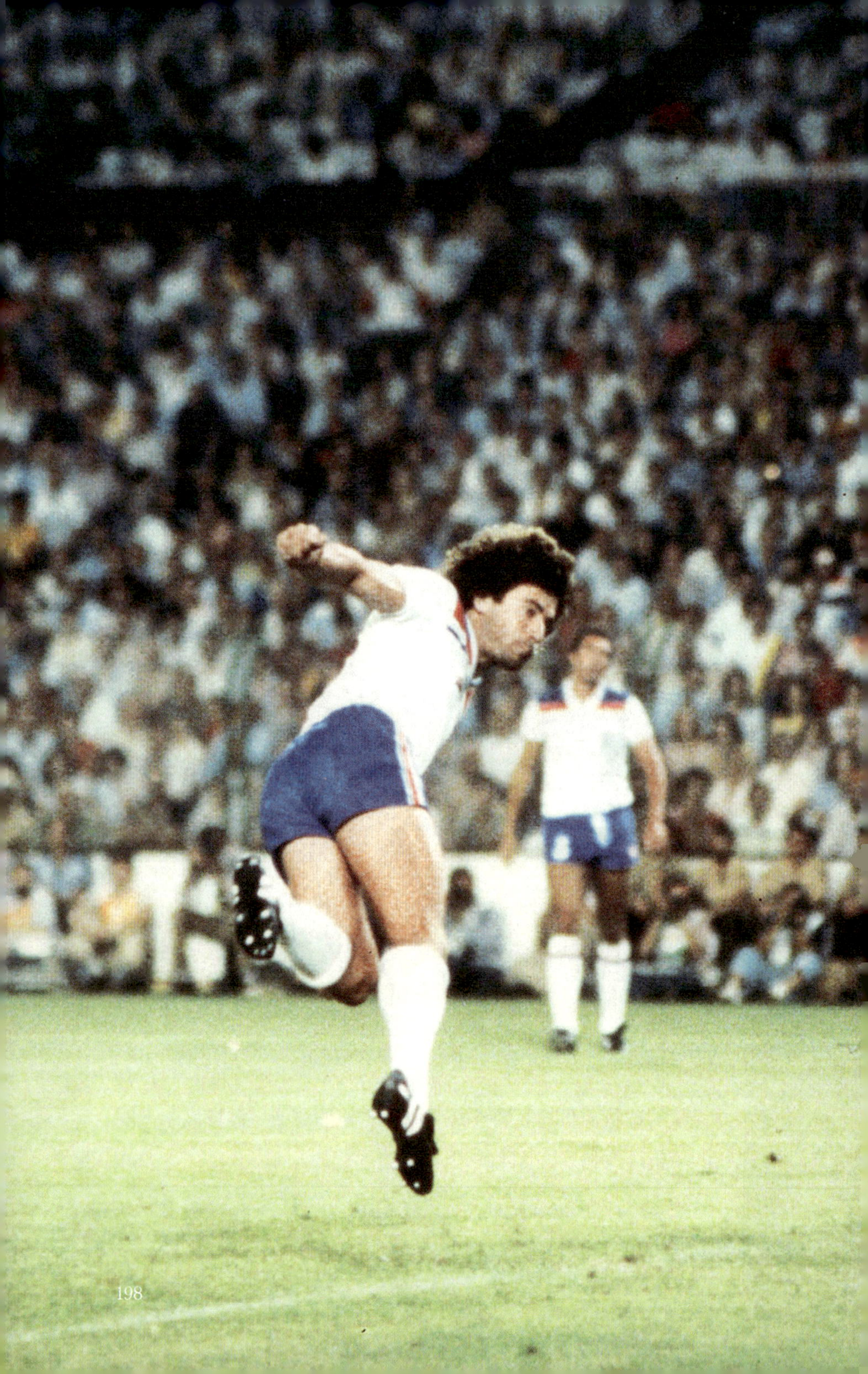

姓名：凯文·基冈

出生日期：1951年2月14日

主要球衣号码：7号

英格兰队数据：63场21球

个人荣誉：2次金球奖

"电子老鼠"

代表利物浦队出战315场、打入100球、送出84次助攻，身高只有1.73米的凯文·基冈，在20世纪70年代是利物浦队球迷的最爱。短小精悍的他就像装上电池的"电子老鼠"玩具一般，在场上四处游走、穿梭，总能出现在对手最害怕的地方。他为利物浦队带来9座冠军奖杯，自己也连续两年获得金球奖，将自己的威名撰写在了足坛史册之中。退役之后，基冈转型担任教练，也有着出色的战绩，还曾担任英格兰队的主教练。

姓名：吉米·格里夫斯

出生日期：1940年2月20日

主要球衣号码：8号、21号

英格兰队数据：57场44球

"进球机器"

　　出战57场，打进44球，这是格里夫斯向英格兰队交出的成绩单。20世纪50—60年代，格里夫斯就是进球的代名词。他的每一次射门，都仿佛凝聚了所有的力量和智慧，犹如流星划过夜空，璀璨而耀眼。他总能在关键时刻挺身而出，用精准的进球为球队带来胜利的希望。1966年世界杯，格里夫斯虽然因伤未能在决赛中出场，但仍为英格兰队的夺冠做出了重要贡献。格里夫斯被认为是英格兰足球历史上顶级的射手之一，他的进球纪录和个人成就为后人树立了不朽的榜样。

姓名：约翰·特里

出生日期：1980年12月7日

主要球衣号码：15号、6号、5号

英格兰队数据：78场6球

铁血后卫

为了避免丢球，一名后卫能付出怎样的努力？2010年世界杯，特里用行动给出了答案。面对对手的射门，倒在地上的特里一跃而起选择用头封堵射门。除了临场反应能力之外，特里的足球智慧与战术意识同样出色。他总能准确判断对手的进攻意图，迅速做出反应，化解危机。他与队友之间的默契配合，更是让球队的防线坚不可摧。特里是一位真正的领袖，他以身作则，用自己的行动感染着每一位队友。他的坚毅和勇敢，激励着球队在困难面前不屈不挠，勇往直前。

姓名：斯坦利·马休斯爵士

出生日期：1915年2月1日

主要球衣号码：7号

英格兰队数据：56场11球

个人荣誉：1次金球奖

"盘带巫师"

  如果有谁能够打破英格兰球员"傻、大、笨、粗"的固有印象，斯坦利·马休斯是最好的人选。这位活跃于20世纪中叶的英格兰球员，每一次触球，都仿佛是在演奏着乐曲的琴键，流畅且富有韵律。他在球场上的身影轻盈飘逸，如同一位舞者，尽情展现自己的才华。一座金球奖奖杯，足以证明马休斯的实力。在马休斯的职业生涯中，他以优越的技术和优雅的风格征服了无数球迷，被誉为"盘带巫师"。在英格兰，马休斯的影响力远远超出了足球领域，他也被认为是英格兰足球的象征之一。

姓名：阿什利·科尔

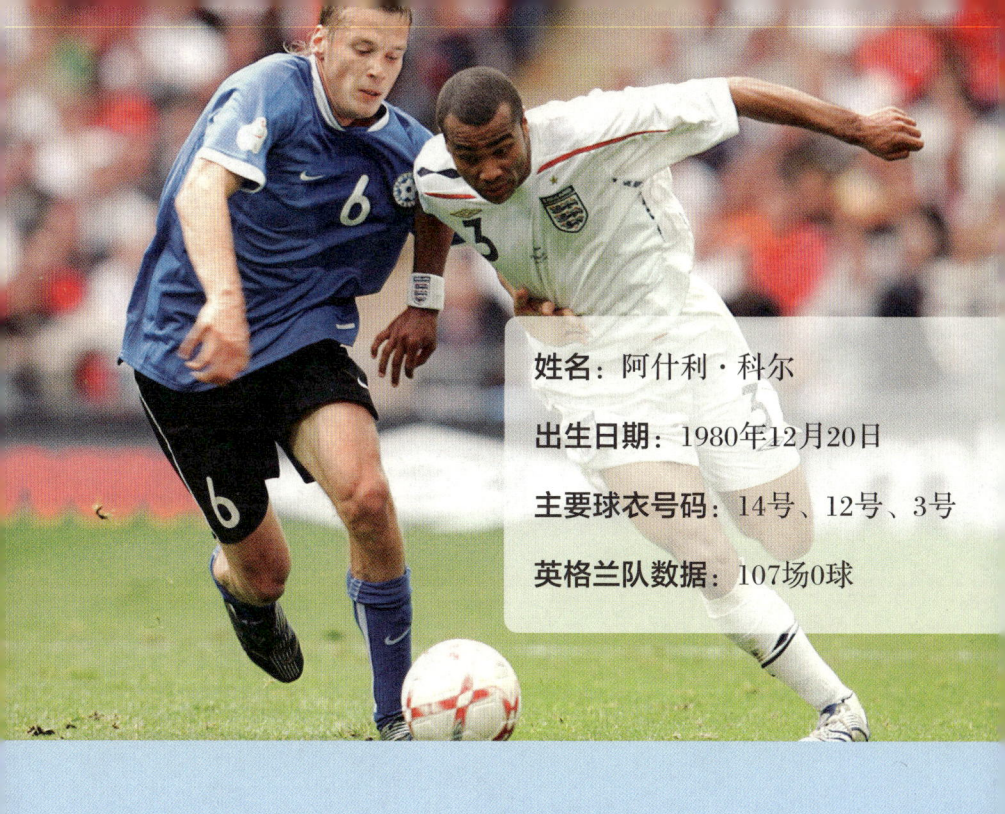

出生日期：1980年12月20日

主要球衣号码：14号、12号、3号

英格兰队数据：107场0球

花花公子

能够让克里斯蒂亚诺·罗纳尔多也觉得无可奈何，这足以说明阿什利·科尔的实力，但让阿什利·科尔声名远扬的，是他的感情生活。阿什利·科尔的职业生涯开始于阿森纳队，2006年，他转会至切尔西队。他帮助这两支球队赢得了包括英超冠军、欧冠冠军在内的多个荣誉。然而在优异的球场表现之外，阿什利·科尔和谢丽尔·科尔的婚姻情况始终是英国小报的素材，这也让阿什利·科尔始终处于争议之中。

加里·内维尔　　　　加里·莱因克尔

　　　　　　　彼特·希尔顿　　特里·布彻

大卫·贝克汉姆　戈登·班克斯

　　　　　　　　　　　　　雷·威尔逊

博比·穆尔　　杰克·查尔顿　　乔治·科恩

诺比·斯蒂尔斯　马丁·彼得斯　博比·查尔顿爵士

　阿兰·巴尔　罗杰·亨特　吉奥夫·赫斯特爵士

　　尤里·德约卡夫　　帕特里克·维埃拉

大卫·希曼　大卫·普拉特　埃迪·恩凯蒂亚

　　　　　　　　　　　　加雷斯·索斯盖特

托尼·亚当斯　　斯图尔特·皮尔斯

保罗·因斯

　　　　　　达伦·安德顿

保罗·加斯科因　史蒂夫·麦克马纳曼

　阿兰·希勒　　　泰迪·谢林汉姆

里奥·费迪南德　阿什利·科尔

　　　　　　　　　　　维维安·伍德沃德

　约翰·特里　　斯坦利·马休斯爵士

吉米·格里夫斯　　布卡约·萨卡　　乔·哈特

凯文·基冈　　哈里·凯恩　　祖德·贝林厄姆

　　菲尔·福登　　布莱恩·罗布森　　大卫·詹姆斯

史蒂文·杰拉德

弗兰克·兰帕德

比利·赖特　韦恩·鲁尼　乔丹·皮克福德　　汤姆·芬尼爵士

　　　　　　　　　　约翰·斯通斯

卢克·肖　　哈里·马圭尔

　　　　　　　　　　　　基兰·特里皮尔

凯尔·沃克　　杰登·桑乔

梅森·芒特　杰克·格里利什　卡尔文·菲利普斯

　德克兰·赖斯　乔丹·亨德森　马库斯·拉什福德

拉希姆·斯特林　鲁本·洛夫图斯-奇克　　德勒·阿里

　埃里克·戴尔　法比安·德尔夫　丹尼·罗斯

杰西·林加德　埃兹里·孔萨　贾拉德·布兰思韦特

　　詹姆斯·麦迪逊　奥利·沃特金斯　西奥·沃尔科特

　　　　　　　　　　　　里斯·詹姆斯
卡勒姆·威尔逊　埃伯雷基·艾泽
　　　　　　　　　　　　里科·刘易斯

　　　　保罗·斯科尔斯

最佳阵容

主力阵容（"433"阵形）

门将：戈登·班克斯

后卫：阿什利·科尔、博比·穆尔、特里·布彻、乔治·科恩

中场：大卫·贝克汉姆、保罗·加斯科因、博比·查尔顿

前锋：吉奥夫·赫斯特、加里·莱因克尔、哈里·凯恩

替补阵容（"433"阵形）

门将：彼特·希尔顿

后卫：斯图尔特·皮尔斯、里奥·费迪南德、约翰·特里、加里·内维尔

中场：史蒂文·杰拉德、布莱恩·罗布森、弗兰克·兰帕德

前锋：阿兰·希勒、吉米·格里夫斯、韦恩·鲁尼

注：以上阵容通过多方数据参考得出，具有主观性，仅供阅读。

历任主帅及战绩

姓名	国家/地区	上任时间	离任时间	执教总场数	执教胜场数	执教平局场数	执教负场数
加雷斯·索斯盖特	英格兰	2016年9月28日	–	91	59	17	15
山姆·阿勒代斯	英格兰	2016年7月22日	2016年9月27日	1	1	0	0
罗伊·霍奇森	英格兰	2012年5月1日	2016年6月27日	56	33	14	9
斯图尔特·皮尔斯	英格兰	2012年2月9日	2012年5月1日	1	0	0	1
法比奥·卡佩罗	意大利	2007年12月14日	2012年2月8日	42	28	8	6
史蒂夫·麦克拉伦	英格兰	2006年8月1日	2007年11月22日	18	9	4	5
斯文-约兰·埃里克森	瑞典	2001年1月12日	2006年7月31日	66	39	15	12
彼得·泰勒	英格兰	2000年10月22日	2001年1月12日	1	0	0	1
霍华德·威尔金森	英格兰	2000年10月7日	2000年10月22日	1	0	1	0
凯文·基冈	英格兰	1999年2月17日	2000年10月7日	18	7	7	4
霍华德·威尔金森	英格兰	1999年2月2日	1999年2月17日	1	0	0	1
格伦·霍德尔	英格兰	1996年7月1日	1999年2月2日	28	17	4	7
特里·维纳布尔斯	英格兰	1994年1月28日	1996年6月30日	24	12	9	3
格拉汉姆·泰勒	英格兰	1990年8月1日	1993年11月24日	38	18	13	7
博比·罗布森爵士	英格兰	1982年7月7日	1990年7月7日	94	47	29	18
罗恩·格林伍德	英格兰	1977年8月17日	1982年7月5日	54	32	12	10
唐·里维	英格兰	1974年8月29日	1977年7月12日	29	14	8	7
乔·默塞尔	英格兰	1974年5月1日	1974年7月4日	7	3	3	1
阿尔夫·拉姆塞爵士	英格兰	1963年2月27日	1974年5月1日	113	69	27	17
沃尔特·温特博特姆	英格兰	1946年9月28日	1962年11月21日	141	78	34	29

历届大赛成绩

时间	赛事名称	举办地	最终排名	备注
1930年	世界杯	乌拉圭	–	尚未成为国际足联官方成员
1934年	世界杯	意大利	–	尚未成为国际足联官方成员
1938年	世界杯	法国	–	尚未成为国际足联官方成员
1950年	世界杯	巴西	第8名	小组赛出局
1954年	世界杯	瑞士	第7名	1/4决赛出局
1958年	世界杯	瑞典	第11名	小组赛出局
1960年	欧洲杯	法国	–	未晋级决赛圈
1962年	世界杯	智利	第8名	1/4决赛出局
1964年	欧洲杯	西班牙	–	未晋级决赛圈
1966年	世界杯	英格兰	冠军	
1968年	欧洲杯	意大利	季军	
1970年	世界杯	墨西哥	第8名	1/4决赛出局
1972年	欧洲杯	比利时	–	未晋级决赛圈
1974年	世界杯	联邦德国	–	未晋级决赛圈
1976年	欧洲杯	南斯拉夫	–	未晋级决赛圈
1978年	世界杯	阿根廷	–	未晋级决赛圈
1980年	欧洲杯	意大利	第6名	小组赛出局
1982年	世界杯	西班牙	第6名	小组赛第二阶段出局
1984年	欧洲杯	法国	–	未晋级决赛圈
1986年	世界杯	墨西哥	第8名	1/4决赛出局

续表

时间	赛事名称	举办地	最终排名	备注
1988年	欧洲杯	联邦德国	第8名	小组赛出局
1990年	世界杯	意大利	第4名	
1992年	欧洲杯	瑞典	第7名	小组赛出局
1994年	世界杯	美国	-	未晋级决赛圈
1996年	欧洲杯	英格兰	季军*	
1998年	世界杯	法国	第9名	1/8决赛出局
2000年	欧洲杯	荷兰、比利时	第11名	小组赛出局
2002年	世界杯	韩国、日本	第6名	1/4决赛出局
2004年	欧洲杯	葡萄牙	第5名	1/4决赛出局
2006年	世界杯	德国	第7名	1/4决赛出局
2008年	欧洲杯	奥地利、瑞士	-	未晋级决赛圈
2010年	世界杯	南非	第13名	1/8决赛出局
2012年	欧洲杯	波兰、乌克兰	第5名	1/4决赛出局
2014年	世界杯	巴西	第26名	小组赛出局
2016年	欧洲杯	法国	第12名	1/8决赛出局
2018年	世界杯	俄罗斯	第4名	
2018—2019赛季	欧洲国家联赛	-	季军	
2020*	欧洲杯	无主办国巡回赛	亚军	
2020—2021赛季	欧洲国家联赛	-	第9名	小组排名第3
2022年	世界杯	卡塔尔	第6名	1/4决赛出局
2022—2023赛季	欧洲国家联赛	-	第15名	小组排名第4

注：1.1996年欧洲杯，英格兰队半决赛遭遇淘汰，根据比赛规则不再进行季军赛，英格兰队和法国队并列排名第3，均收获季军。
2.2020欧洲杯在2021年举行，官方仍将其称为2020欧洲杯。

历史出场榜

排名	姓名	出场数
1	彼特·希尔顿	125
2	韦恩·鲁尼	120
3	大卫·贝克汉姆	115
4	史蒂文·杰拉德	114
5	博比·穆尔	108
6	阿什利·科尔	107
7	博比·查尔顿爵士	106
7	弗兰克·兰帕德	106
9	比利·赖特	105
10	布莱恩·罗布森	90
11	哈里·凯恩*	89
11	迈克尔·欧文	89
13	肯尼·桑森	86
14	加里·内维尔	85
15	雷·威尔金斯	84
16	拉希姆·斯特林*	82
17	里奥·费迪南德	81
17	乔丹·亨德森*	81
17	凯尔·沃克*	81
20	加里·莱因克尔	80

注：标注*的为现役球员，本榜单仅取前20名。

历史进球榜

排名	姓名	进球数
1	哈里·凯恩*	62
2	韦恩·鲁尼	53
3	博比·查尔顿爵士	49
4	加里·莱因克尔	48
5	吉米·格里夫斯	44
6	迈克尔·欧文	40
7	汤姆·芬尼爵士	30
7	阿兰·希勒	30
7	纳特·洛夫特豪斯	30
10	弗兰克·兰帕德	29
10	维维安·伍德沃德	29
12	史蒂夫·布卢默	28
13	大卫·普拉特	27
14	布莱恩·罗布森	26
15	吉奥夫·赫斯特爵士	24
16	斯坦·莫滕森	23
17	汤米·劳顿	22
17	彼得·克劳奇	22
19	米克·钱农	21
19	凯文·基冈	21
19	史蒂文·杰拉德	21

注：1.标注*的为现役球员，本榜单仅取前20名。
　　2.本书所有数据截至2024年4月30日。

图书在版编目（CIP）数据

英格兰队 / 流年编著 . -- 北京 : 北京时代华文书局 , 2024.5
ISBN 978-7-5699-5459-3

Ⅰ.①英… Ⅱ.①流… Ⅲ.①足球运动－体育运动史－英国 Ⅳ.① G843.956.1

中国国家版本馆 CIP 数据核字 (2024) 第 075839 号

YINGGELANDUI

出 版 人：	陈 涛
选题策划：	董振伟　直笔体育
责任编辑：	马彰羚
执行编辑：	孙沛源
责任校对：	初海龙
装帧设计：	严 一　范宇昊
责任印制：	訾 敬

出版发行： 北京时代华文书局 http://www.bjsdsj.com.cn
北京市东城区安定门外大街 138 号皇城国际大厦 A 座 8 层
邮编：100011　电话：010-64263661　64261528

印　　刷：	河北京平诚乾印刷有限公司		
开　　本：	880 mm×1230 mm　1/32	成品尺寸：	145 mm×210 mm
印　　张：	6.75	字　　数：	134 千字
版　　次：	2024 年 5 月第 1 版	印　　次：	2024 年 5 月第 1 次印刷
定　　价：	68.00 元		

本书图片由视觉中国提供。
版权所有，侵权必究

本书如有印刷、装订等质量问题，本社负责调换，电话：010-64267955。